不如去航海

张志友 著

清华大学出版社

北 京

图书在版编目 (CIP) 数据

不如去航海 / 张志友著. -- 北京：清华大学出版社, 2024. 8. -- ISBN 978-7-302-67078-0

Ⅰ. U675-49

中国国家版本馆CIP数据核字第2024Z8816D号

责任编辑：胡洪涛
封面设计：史木春
责任校对：王淑云
责任印制：杨　艳

出版发行：清华大学出版社
　　　　网　　　址：https://www.tup.com.cn, https://www.wqxuetang.com
　　　　地　　　址：北京清华大学学研大厦A座　　　　邮　　编：100084
　　　　社　总　机：010-83470000　　　　邮　　购：010-62786544
　　　　投稿与读者服务：010-62776969, c-service@tup.tsinghua.edu.cn
　　　　质量反馈：010-62772015, zhiliang@tup.tsinghua.edu.cn
印　装　者：小森印刷（北京）有限公司
经　　销：全国新华书店
开　　本：165mm×235mm　　　印　　张：17.5　　　字　　数：232千字
版　　次：2024年9月第1版　　　印　　次：2024年9月第1次印刷
定　　价：98.00元

产品编号：104951-01

# 序 言 一

　　航海，作为人类历史上最古老的交通方式之一，承载了无数探险者的梦想与冒险。从古代的大航海时代到现代的商业航行，航海不仅是一种技术，更是一种精神，一种勇气和智慧的体现。在这个科技高度发达的时代，航海这门古老的学科依然迸发出新的生机与活力。

　　尽管在当今社会航海活动对全球经济发展和文化交流有着不可磨灭的作用，但是大众对于航海的了解往往只停留在表面，缺乏深入的认识。航海涉及学科种类繁多、技术手段复杂，而且对于生活在陆地上的人来说，缺乏直接的体验，因此大众难以真切了解航海的深邃奥秘，也很难产生情感共鸣。对于大多数人来说，航海是一片未知的领域，充满了神秘和挑战。

　　不同于理论知识深奥的传统教材，也不同于知识浅显的入门科普书籍，《不如去航海》更是一本引领读者探索航海奥秘的"硬核"科普作品，有风趣，也有探究。从船舶的构造、驾驶的技术到航海的文化，这本书深入浅出地为读者答疑解惑。从而让广大读者更好地认识和欣赏这一古老而又现代的艺术。

　　书中的每一个小问题都吸引我去阅读，也定会让读者有所收获。几十个问题串联起一本科普大书，也为读者呈现了一幅完整的航海知识图谱。相信通过阅读本书，读者不仅会获得新的知识和启发，还会发现航海世界的无限魅力，为自己的人生航程增添一份美好的记忆。

嗅一下海风，听一下潮声，闭上眼睛，你仿佛置身于航海的世界。愿每一位读者在这段航程中都能收获满满。不如一起启航，探索未知的海洋世界！

中国工程院院士，中国船舶科学研究中心名誉所长　吴有生

# 序 言 二

　　21 世纪是海洋世纪，在构筑人类命运共同体的发展之路上，海洋已成为人类第二大生存和发展的空间。大海是门户而不是壁垒，而航海就是我们迈出门户，向机遇、挑战和未来进军的浪漫之路。作为有史以来最古老的探险与挑战方式之一——航海，值得我们去了解，值得我们去求索，值得我们去致敬。

　　遗憾的是，受限于航海活动的专业性、复杂性，很多人对航海的了解大都停留在影视作品的模糊印象中。但是仅凭碎片化的印象又怎能真正领略"孤帆远影碧空尽"之开阔，体悟"直挂云帆济沧海"之豪迈。于是，这本书便如一位友人向我们款款走来，伸出邀约之手。

　　不同于平铺直叙的、冷冰冰的知识，本书给人的感觉恰如浩瀚大洋中起伏不息的波涛：底蕴深厚、高潮迭起而又别具趣味。一个个问题引人入胜，在通俗易懂的解释中，带读者了解这一领域的奥秘。通过对航海的基本概念、船舶结构、航海情怀等方面的介绍，帮助读者建立起对航海的全面认识。

　　凭借着对相关数据的翔实考证，无论是初学者还是资深爱好者，都能从书中获得宝贵的知识和有益的启发。希望以书为媒，激发我们的探索精神、重燃各自的航海梦想。

希望读者都能从这本书中找到值得自己闯荡的广阔天地，以千年前毅然启航的航海人一般的勇气和智慧，在人生的壮美航程中扬帆信风。

海军战略研究所原所长、海军少将　尹卓

目　录

第1章
细致周全的准备

人们往往将航海与"冒险"关联起来，因为这项活动充满了不确定性。确实，船舶想要出海远航，可不是一段说走就走的旅行。从人到船，吃的用的带的，方方面面都要考虑周全、细致入微，途中虽辛苦且有风险，但早做打算便能在航行时心中有数，不慌不忙。

1.1 地上看地图，在海上看什么，海图吗？

地上看地图，在海上看什么，海图吗？

还真是看海图。

其实，海图就是地图的一种，也被称为"海洋地图"，主要以海洋及其毗邻的陆地为描绘对象。

作家斯蒂芬·茨威格曾写过："没有人知道前路通向何方，人们常常迷失在无穷的海面上。"在海上，海图就是航海人的"眼睛"，也是舰艇航行的"护身符"，更是海军走向远海大洋的"通行证"。

海图工作无小事，特别是对海军而言。因为海图不但有保障舰艇航行安全的作用，更是事关国家主权和海洋权益的必备资料。曾有前辈半开玩笑地说："向外偏一毫那就是侵略，向内偏半毫就是卖国。"

1.1.1 海图是怎么制成的？

海图和地图的制图基本方法一致。本质上，都是将极不规则的地球表面上的区域呈现在平面上，需要用特定的数学基础和特殊的符号系统进行综合和概括。二者的制图程序也差不多，都需要先进行测量和调查，然后进行整理和制图作业，最后编制成图。

要了解地球上的各种信息并加以分析，最理想的方法自然是制成地球仪。但是，地球如此庞大，信息复杂，小球面很难呈现；而且，地球仪制作难度高，成本高，也不便于量测使用和携带保管，所以，我们常用的还是各种比例的地图。

但是，要用地图来表示地球，又会面临一个难题：因为地球表面是一个不可展的曲面，而地图是连续的平面，如果强行将地球表面铺成地图，就如同将橘子皮剥下铺成平面，不可避免地会产生裂口和褶皱。如图 1-1 所示。

图 1-1 橘 子

为了解决这个问题,诞生了"地图投影",简而言之,就是将地球(椭球)上的点转换为地图平面上的点。

投影方式有很多种。比方说,你可以想象,在地球表面上或者外面,有一个光源,这个光把地球的经纬线投影到一个二维平面上。根据需求,这个平面可以是与地球表面相切的平面,也可以是圆锥面或圆柱面(图 1-2)。把这些形状展开,就得到了地球投影。

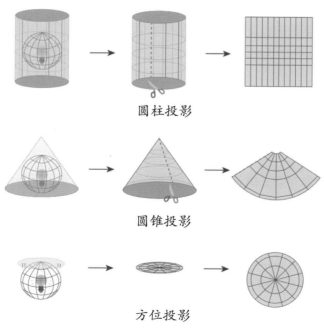

圆柱投影

圆锥投影

方位投影

图 1-2 海图常见投影方式

但是，几何透视法也有很大的局限性，只能解决一些简单的"从球面到平面"的变换问题，却很难将全球投影下来。后来，人们开始普遍采用数学分析方法来解决地图投影问题。

迄今有近 260 种地图投影方式，但归纳起来，建立投影的方法不外乎几何透视法和数学分析法两大类。

大多数的数学分析法往往是在透视投影的基础上，建立球面与投影面之间点的函数关系。实际上，目前很少有地图投影是真正采用几何学原理来实现所谓"投影"的，绝大多数采用数学方法来解决"地球表面到平面"的变换问题。所以，地图投影学又称数学制图学。

不论是几何透视法，还是数学分析法，这些将立体地球表面上的经纬线及各要素等变换到地图平面上的方法，都统称为地图投影。

但是，无论哪一种投影，由于地球表面是一个不可展平的曲面，所以任何数学方法转换都会产生误差和变形，包括长度变形、角度变形和面积变形。而且，采用不同投影方式，地图上的面积及形状会存在很大差异，即便是运用相同的投影方式，但在不同位置进行投影，得到的陆地面积及形状也会存在很大差异。

1.1.2 古今中外，海图发生了哪些变化？

我们在看地图的时候，大部分时候看的是标注的数字，看的是比例关系，看的是对照。就好像城市里的地铁图一样，而实际上的地铁不会真的跟地铁图一样横平竖直，斜的都是 45° 角，或者每一站之间的距离都是一样的。这样的图是为了让我们对地铁线路有整体的认知，来指导我们怎么乘坐，怎么方便快捷地选择路线。

不同的地图功能也不同。海图就是一种帮助人们了解海洋情况的地图。人们是为了航行的需要而看海图的，最开始了解的是海岸线的情况、海洋和陆地的关系、哪里有港口、海洋到底有多大这些信息。而后经过逐渐发展，海图也变得越来越丰富。

从全球范围来看，最早的比较精确的航海图出现在 13 世纪，叫作波特兰海图（portolan chart），大多绘制在羊皮纸上。这种地图有一个特点，上面有很多放射状的直线，由交会的中心点发射出去，划分出 32 个方位（图 1-3）。

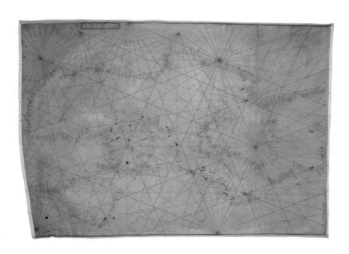

图 1-3　14 世纪地中海和黑海波特兰海图

（图片来源：维基共享资源 / 版权：公共领域）

虽然看起来包括了所有的方向，但其实这种海图仍然是一种平面的图，连线两端的港口和海岸标得很详细，在小范围内如地中海沿岸，是好用的，但这些信息并不能对应地球球面，所以用来跨洋航行就不合适了。

到了 1569 年，地图制图学家墨卡托（G. Mercator）首次编制了具备正轴等角圆柱投影性质的航海图——《世界地图》，正如图 1-2 中的圆柱投影，可以将其理解成把地球投影在围着它的圆柱体上，然后把圆柱展开，其中经线之间互相平行且间隔相等，纬线之间也互相平行，但是间隔会随着纬度的增高而加大。

这样的话，可以想象：越靠近两极，面积的变化越大，就好像逐渐被拉开了一样，所以这种图的面积存在变形。墨卡托投影法会导致航海图上的大陆面积发生改变。例如，在墨卡托海图上，格陵兰岛的面积几乎和非洲大陆的面积一样大，但其实格陵兰岛的面积约为 216 万 km^2，非洲的面积约为 3022 万 km^2，约有 14 个格陵兰岛那么大。

墨卡托海图在大小、比例上如此不准确，那为什么航海家在海上航行的时候还要使用它呢？这是因为原本在地球上相互垂直的经纬线，投影到墨卡托海图上时依然保持相互垂直的属性；而且，地球表面上的各种地形在被绘制成墨卡托海图后，其角度基本不会发生变化。

就拿前面举例的格陵兰岛和非洲来说，虽然它们在墨卡托海图上的大小与真实情况相差甚远，但墨卡托海图上的格陵兰岛和非洲，与地球表面上的真实轮廓基本相同。

墨卡托海图的这种特性，极大地方便了航海家们的使用。此后，他们想要到达某个目的地，只需拿出墨卡托海图，然后在出发点和目的地之间连一条直线，量出这条航线和经线的夹角，即可确定航行路线。

继波特兰海图之后，墨卡托海图成为海图发展史上的又一个里程碑，现在世界各国仍采用墨卡托投影来编制海图。

此后，随着航运业和航海事业的日渐发展壮大，对航海图的要求变得更高，也促进了航海图的发展。

进入 17 世纪后，俄国、英国、荷兰等一些发达的欧洲国家先后编制出版了一系列航海图，到 18 世纪中期，海图已基本形成现代航海图的雏形。为保证海图质量，法国、丹麦、英国等国家先后成立了海道测量组织，用实测资料来编制海图。

19 世纪后，船用上了蒸汽机，不仅促进了航海事业的发展，同时也对海图测绘有了更迫切的需求。世界上的主要海洋国家相继成立了海道测量机构，从此，海图的测绘工作走上了有计划的发展轨道。

20 世纪以来，科技进步极大地促进了海图发展，不但数量猛增，而且品种更多样，内容更精确，制图技术也在不断进步。1970 年后，计算机技术的引入成为海图制图技术发展史上的一个里程碑。制图新理论、新技术的研究和开发利用，为海图发展开辟了一个崭新的局面。

在海图发展史上，一个关键性的日子是 1921 年 6 月 21 日。这一天，国际海道测量局（现称为国际海道测量组织，International Hydrographic Organization, IHO）成立了。它是世界海洋测绘的资料中心，也负责组织协调国际海图的编制与出版工作。国际海图的出版为海图的国际标准化奠定了基础，成为现代海图发展成熟的重要标志之一。

1.1.3　我国海图是怎么发展的？

我国最早的海图出现在唐朝，一般认为是唐代地理学家贾耽组织画工绘制的《海内华夷图》。《旧唐书》中有记载："……谨令工人画《海内华夷图》一轴，广三丈，从三丈三尺，率以一寸折成百里。别章甫左衽，奠高山大川。缩四极于纤缟，分百郡于作绩。宇宙虽广，舒之不盈庭；舟车所通，览之咸在目。"不过，尽管当时的海图能做到面积大和范围广，但始终介于图像描绘和山水画之间，并不能指导航海。

到了明代，我国海图发展史上出现了一个重要里程碑，那就是永乐年间绘制的《郑和航海图》，共有 40 余幅，详细标注了古人用罗盘针指示的航道。它是我国最早不依附于海道专书而能独立指导航海的海图，也是中国第一部航海图集，更是世界上现存成图时间最早的航海图集。

此后，我国海图不断完善。晚清时期的《八省沿海全图》、民国时期的《江河水道图》，几乎覆盖我国沿海海域和主要江河。1919 年，中国政府派人参加了在伦敦召开的首届国际海道测量大会。1921 年，在摩纳哥正式成立国际海道测量局，我国为创建国之一。1922 年，民国政府正式成立海道测量局。

新中国成立后，随着科技的进步和海运事业的发展，我国海道测量技术和海图出版水平稳步提升。

20 世纪 50 年代至今，我国海图更新了五代。第一代海图始于 1951 年，我国海军采用新中国成立后部分自主新测资料、旧版资料和外版资料，清绘了第一代海图。1961—1983 年，又全面借鉴苏联海图制图经验，采用海军新测资料编制清绘了第二代航海图，并利用外版资料编制了大洋航行图和外轮用航海图书。从 1983 年开始，我国在借鉴国际海道测量组织有关国际海图标准的基础上，编制刻绘了第三代航海图，其风格与世界海洋大国海图基本一致。1990 年，我国正式出版了海图的国家标准，并依据这些海图法规生产了第四代航海图。为使新世纪的海图进一步与国际海图接轨，1998 年，我国又对海图的国家标准进一步完善，由此拉开了生产第五代海图的序幕。

过去的海图多为纸质，随着航行进程，需要不断更换或绘制新海图，既给航海者增加了工作负担，又因为使用者水平不同，导致海图的使用效率千差万别。

因此，20 世纪 70 年代开始，人们开始想办法减少涉及海图作业的劳动强度。不过，当时也仅仅是把纸质海图经数字化处理后存入计算机中。到 1986 年，人们开始挖掘电子海图的各种潜能。如在电子海图上显示船位、航线设计，以及船速、航向等船舶参数和报警功能。

1999 年开始，利用计算机辅助制图，海图的绘制技术迅速发展，并正式成长为数字海图，如图 1-4 所示。它能够以数字的形式在计算机屏幕上动态地显示海洋地理要素，并且能够进行及时处理和传输，使海洋信息实现数字化，从而提供精确、高效、快捷的航海保障。

总体来说，海图的发展历程，就是人们一直在思考的"如何把三维的地球体转化到平面纸上以方便携带"的过程。但这其实并没有完美的解决方案，总会存在这样那样的问题，如距离变形、面积变形、角度变形等。就像我们不能追求样样圆满，只能依据自己的需求，看看哪项才是我们最关切的，或者说，在当下哪个属于我们主要需求，我们就先埋头攻破哪个。

图 1-4　船上用的数字海图

（张志友团队／摄）

1.2　拿到一张海图，怎么看其中门道？

　　海图本质上是地图的一种。不过，与我们更熟悉的陆地地图相比，海图还是有一些不同的特点的。例如，海图用于航船，所以深度起算面选用有利于航海的深度基准面；由于受外部环境的影响，所以海图需要及时更新，以确保船只的航行安全；等等。要成为一名合格的航海人员，会看海图是必备技能。

　　打开一张海图（图 1-5），首先映入眼帘的会是大片的黄色和蓝色，以及很多文字与数字。那么，这些颜色图案、文字与数字分别代表什么？或者说，海图怎么看、怎么用？

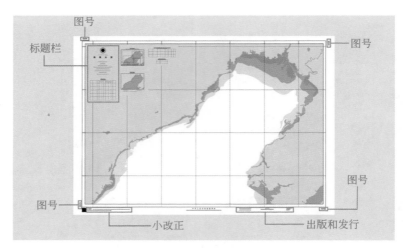

图 1-5　海图样式

看懂海图，分以下四步。

1.2.1　第一步，看海图标题栏

海图标题栏（图 1-6），也就是海图的说明栏，一般刊印在图角空白处（海图内陆处或航行不到的水面上），特殊情况下也可能印在图廓外适当的地方。

图 1-6　海图标题栏

标题栏的要素包括图名，比例尺，基准纬度，投影方法，测量年份及资料来源，深度、高程的单位及基准高程，潮信表，各种警告及注意事项等信息。

1.2.2　第二步，看图廓注记

在海图图廓的四周，也包含了许多与出版和使用海图有关的资料。包括海图图号、出版发行情况、小改正、图幅、对数图尺、邻接图索引等信息。

1. 海图图号

图号是每一张海图的数字标记，可以用来查阅和保管海图。我国的海图图号印在海图图廓的四个角上，不论海图怎样放置，均可从该图的右下角看到图号。

海图是一个庞大的家族体系，随着种类不同，编号的规则也有所不同。

依据内容和用途，海图可分为航海图、普通海图、专题海图。其中，航海图直接用于航海定位，是最早发展起来的海图，也是出版量最大、用户数量最多的海图。

按照比例尺和制图区域的大小，航海图可进一步分为海区总图、航行图和港湾图三类。

总图（general charts）包括世界海洋总图、大洋总图和海区总图，比例尺一般为 1:300 万或更小。总图涵盖的范围虽然很大，包含的航行信息却很少，总图上只记载简略的岸线、岛屿、水深点、重要航标和港口位置等。所以，总图只供远洋航行船舶研究海区情况、拟定大洋航线和制订总的航行计划使用。

航行图（sailing charts）包括远洋航海图、近洋航行图和沿岸航行图，比例尺一般为 1:10 万 ~1:300 万。航行图上会比较详细地记载近海航行所需要的灯塔、灯浮、无线电助航标志及碍航物等。

港湾图（harbour charts）包括港口图、港区图、港池图、航道图和狭水道图等，比例尺一般大于 1:10 万。港湾图主要显示港湾和锚地，图上会详细地表示沿岸地形、港湾设施、海底地貌、助航设备、航行障碍物等要素。

一般情况，世界海洋总图及大洋总图用两位数字编号，海区总图用三位数字编号。而航行图采用五位数字编号，航行图分为远洋航行图（五位数编号第二位数为 0）、近海航行图（编号中第三或四位数为 0）和沿岸航行图（编号只有第五位数为 0）。船舶进出港的港湾图也是五位数字编号，但是全都不为 0。所以只需看数字位数和 0 的位置，就知道海图的种类了。

为了方便划分世界海洋进行制图，我国的海图命名是以中国海域为中心的，将世界海洋分为 9 个大区，用数字 1~9 表示，中国海区就用"1"来表示。中国海域还进一步划分成 8 个区域，从渤海及黄海北部至南沙群岛海域，用 11~18 表示（图 1-7）。

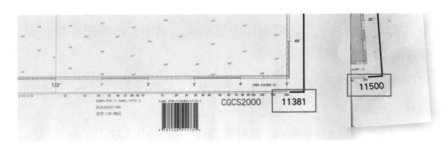

图 1-7　海图右下角的海图图号。图中的两张海图编号 11500 和 11381，前两位 11 代表中国海区的渤海及黄海北部，但前者第四位的 0 代表这是一张近海航行图，而后者没有 0 代表这是一张港湾图

2. 出版和发行情况

在图廓外的下边靠中间位置，一般会印有该图的出版和发行单位、

日期，右边还印有该图新版或改版日期、制版年份和印刷方法等。例如，图 1-8 中的这张海图，出版单位就是中国人民解放军海军海道测量局，由中国航海图书出版社出版发行。

图 1-8　海图的出版和发行单位

3. 小改正

海图不能像电子地图一样实时联网更新，但是海上航标、障碍物等各种信息经常发生变化，因此航海图书部门每周会发行用来改正海图、航海图书的《航海通告》，其内容包括有效、重要的航行警告。

而在海图廓外左下角，一般登记该海图自出版以来改正过的所有航海通告的年份和号码，被称为海图小改正，以备查考该图是否改正到最新版本。而每次出海前，为了保证航行安全，规避危险，要及时改正海图，相当于"手动联网"让海图版本快速更新。

另外，有时新版地图还没有发布，航行途中收到一个即时的通知，如某处发现了碍航物，需要即时添加一些小改正，一般大副会用铅笔在海图上标注，待海事局发布了正式通告后，再用红笔做更新。如图 1-9 所示。

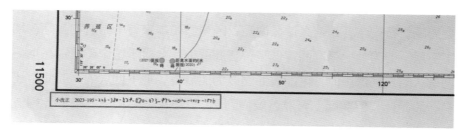

图 1-9　海图上的小改正

1.2.3　第三步，看海图基准面

海图基准面包括高程基准面和深度基准面。物标的高程、海图的水深、潮高等，都是从一定的基准面开始起算的。图 1-10 是海图基准面示意图。

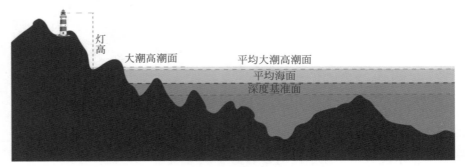

图 1-10　海图基准面示意图

高程基准面是地面点高程的起算面。各国出版的海图，高程基准面都不太一致。我国沿海高程基准，自 1988 年 1 月 1 日起开始采用"1985 国家高程基准"，台湾、舟山群岛及远离大陆的岛屿，就采用当地平均海面作为高程基准面。海图上所标的山头、岛屿等高度都是从高程基准面起算的。由于每个国家高度起算的基准不同，所以同一座山在不同版本的海图上会有不同的高度。

海图深度基准面是海图上标注水深的起算面。各国海图的深度基准面也各不相同。例如，有的国家采用最低天文潮面，有的国家采用平均低潮面等。为什么还要有所不同呢？

利用深度基准面看水深时，是由上往下进行测定，就像从一楼再往下数地下几层。在确定深度基准面时，如果把基准面定得过高，就可能会影响航行安全，为什么这么说呢？因为假如本来有个碍航物实际在地下三层，但因为把基准面定低了，在海图上就会显示这个碍航物在地下四层，船走到这里时，可能看海图以为船底离"地下四层的碍航物"还有一段距离，但实际上可能就要撞到了；反过来，如果把基准面定得过低，很多原本在水面下很深的碍航物就会在海图上显示离水面很近，船员一看海图，"船底会撞到，这条路没法走"，就会使很多航道无法被利用。

1.2.4　第四步，看海图图示

海图的图幅总归是有限的，所以，为了使其简明醒目又易辨认，还会将海洋和沿岸上的各种航海资料，以各种符号和简字的形式标绘在海图上，叫作海图图示。图 1-11 为常用海图图示。

只有看懂这些海图图示，才能真正理解海图传达给我们的信息。

等高线	灯 塔	明礁(屿)	干出礁	适淹礁	暗 礁	沉　　船			水 深
山形地貌以等高线描绘，山峰旁的数字为山峰的高度（米），由平均海面起算。	灯塔高度是由平均大潮高潮面计算到灯光中心的高度。	露出大潮高潮面的礁石，对航行有较大危险者，外加危险线（下同）。	大潮高潮面下，深度基准面上的礁石。	在深度基准面时适淹的礁石。	深度在基准面下的礁石。在暗礁上测得的水深为7m。	非危险沉船	危险沉船	部分船体露出的沉船	沉船上经过21m扫海或潜水员探测。	表示深度基准面下至海底的深度，斜体数字为新测材料，正体数字为旧版海图或小比例尺图资料，右下角数字为小数。

图 1-11　常用海图图示

以上便是看懂海图的一些基本步骤。当然，真实的海图所包含的信息，要比本书提到的更丰富，使用起来也有更多的门道和讲究。

海图的使用场景，也不仅限于航海过程。军事家要制订作战和训练计划、外交人员要进行海上划界、科学家要研究海洋变迁、法律工作者要解决海事纠纷等，都需要用到海图。可以这么说，这些鲜艳的黄蓝色彩、多变的几何图形和优美线条所构成的，不仅是海图，也是我们大力建设海洋强国的宏伟蓝图。

1.3　天气如何影响了我们的航线？

要确定一条航海路线，不是件容易的事。虽然海面看起来广阔一览无余，但要从一个地方到另一个地方，并非一条直线就能搞定，最终确定下的航线，可能是一条弯绕甚至有些迂回的路线，这其中的影响因素很多。例如，要避开岛屿、冰山以及沉船等碍航物。

此外，影响航线的还有一项重要因素，那就是天气。

在文学语境中，人们往往将航海与"冒险"关联起来，因为这项活动充满了不确定性，而天气正是其中主要的不可控因素。到了现代，即使船越来越大，越来越高科技，但在面对恶劣的海洋气候环境时，船的适应能力还是有限的。

在海上航行，总会受到海洋水文气象条件的限制：风平浪静时，航行大多是顺利而愉快的；而狂风巨浪的日子里，航海又是相当艰苦和危险的。

天气在航海中到底有多重要，如何影响了我们的航线？

1.3.1 "气候航线" vs "气象航线"

一名优秀的船长，总希望能清楚地掌握航程中的水文气象情况，从而选择一条理想的航线。因此在启航前要查阅《引航图》《航路指南》和《大洋航路》等资料来做判断。

这种根据历史气候选择的航线被称为气候航线，也就是通过长期的天气、海况资料（主要指风、浪、流）来分析整理出平均值，从而拟定在不同季节、不同海域所采取的线路。

19 世纪中叶，美国海军中尉莫里（M.E.Maury）首先提出了"气候航线"的概念。随着大洋气象和海洋水文观测资料的增加，气候航线逐步完善，再加上选定方法简单，它成为船长们普遍接受的跨洋习惯航线。

但"气候航线"也有它的局限性。一方面，气候航线考虑的是长时间的气象变化，但实际上呢，海上天气瞬息万变，与平均天气有很大出入。所以，气候航线不一定能取得预期效果，甚至会因意外的灾害性天气造成船损、货损以及费时等损失。另一方面，按气候资料认为不适宜航行的海域，在某些时候却会出现晴空万里、顺风顺流等利于航行的好天气。

随着科学技术的发展，"气象导航"慢慢进入航海者的视野。

20 世纪 50 年代初，人们开始了对气象导航技术的研究。气象导航是指根据天气、海况预报、船舶性能、技术条件及航行任务，为船舶优选横渡大洋的航线并保证付诸实现的全部技术。这是由气象机构来实施的，在整个航行过程中，船都会得到导航机构的指导，还会定时汇报船位和沿途的气象和水文资料。简单来说，气象导航比气候导航更精准、更实时，也更定制化。

20 世纪 60 年代后期，随着预报技术的提高，英国、德国、苏联等国先后建立了气象导航服务机构。到了 20 世纪 70 年代，随着大气科学和计算机技术的飞速发展，以及数值天气预报和气象卫星监测海洋风暴灾害技术的广泛应用，使现代气象导航技术有了坚实的基础，而以往以手工操作为主的气象导航业务受到巨大的挑战。

1.3.2 气象导航怎么实现?

气象导航最早是通过无线电报的方式来传送文字，描述海上天气的；后来逐渐过渡到通过无线电短波信号和传真机来传真热敏打印天气气象图；现如今，我们已经有了各种气象导航软件。

现代气象导航可以根据拟航行海区近期的天气与海况预报（3~7 天甚至 10 天左右），结合船舶性能、航行任务等因素为船舶推荐一条既经济又安全的最佳航线，这种航线就是气象航线，也被称为最佳航线。

根据船的运输任务及船长要求的不同，气象导航机构推荐的气象航线一般分为 3 种：最经济航线、最短航时航线、最舒适航线。

最经济航线是在保证航行安全的前提下，综合考虑风流、船期、油耗等因素，采用经济航速航行的航线，一般用于航运市场萧条、油价高的时期；而最短航时航线主打就是一个"用时短"，一般用于航运市场兴盛、需要赶船期的时候，而最舒适航线就是要求在航行中尽量减少风浪的影响，使航行安全、舒适，多被客船和旅游船所采用。

气象预报来源有很多种，如美国国家海洋和大气管理局的全球预报系统（global forecast system, GFS），加拿大气象中心的区域和全球预测系统（the regional and global deterministic prediction systems, RGDPS），还有欧洲中期天气预报中心（European Centre for Medium-Range Weather Forecasts, ECMWF）等。他们根据世界气象组织所制定的气象专用数据所呈现出的不同预报模式，套用到气象导航软件，计算出船只适合何种航行路线。

1.3.3　气象导航给航海带来了哪些好处？

气象导航带来的好处是方方面面的。尤其是采用计算机方法优选的气象航线，指导船舶趋利避害，不但可以提升航行的安全性，而且可以使海洋运输更具有经济性，使科学考察更顺利，军事行为更主动。

气象导航对航海安全性的提升是不言而喻的，具体主要体现在 3 个方面：重大海事减少、船损减少以及货损降低。

举个例子，美国 Ocean Routes 气象导航公司曾统计了它提供导航的 6 万艘船的数据，在公司推荐的气象航线上，仅有 2 艘船在横渡大洋时遭受损失，年平均船舶损失率只有 0.02%，而那些在习惯的气候航线上航行的船，因为恶劣环境造成的船舶损失率是前者船舶损失率的 6 倍。

另外，因为避免了船损和货损及随之产生的维修费和赔偿费，所以气象导航也提升了航海的经济效益。

当然，除了避免这些经济损失，气象导航对航海经济性的提升也是方方面面的。

比方说，气象导航能充分利用天气条件和海洋环境，顺风顺水地航行，肯定会比顶风顶浪走要更省时间和省油，降低运输成本的同时又提高了运输质量，还能为运输公司加码商业信誉；再比方说，对于那些需要赶潮水进港的船来说，错过一次潮水可能会耽搁好几个小时，有的还会损失装卸费，而利用气象导航，就可以把握住潮水的时间，既避免费用损失又节省时间。根据国际海事组织（IMO）公开的数据，气象导航可以降低至少3%的燃料消耗，这还不包括在航行时间方面的优化，而对于集装箱船等特定船舶来说，这个数值可以高达10%。

对科学考察来说，气象导航的重要性不仅体现在所有船只航行都有的安全诉求，还体现在一个特殊之处：很多科学考察的航线，往往是第一次制定的，因为很多科学家的科考目标，是要去那些没有人去过的地方——这对科学家精神是一种很好的彰显，但背后也会藏着我们意想不到的风险。例如，很多去极地科考的船只，都绕不开一个"魔鬼西风带"；再如，在很多航线上如果突发天气状况，船员可以基于以往的经验来及时应对，但如果在第一次制定的航线上，那么这些经验优势便不存在了，只能靠船员的随机应变，加上方方面面的技术保障，这时，气象导航更精准、更实时的优势就显得尤为重要。

至于气象导航如何让军事行动更主动呢？

三国里的"诸葛亮借东风"就是一个很好的例子。为了击败曹操的水军战队，诸葛亮和周瑜都想到了火攻，但赤壁之战正值隆冬时节，战场附近多刮西北风而没有东南风，周瑜想不出办法，病倒了，而诸葛亮通过预测天气，知道作战那天会有东南风，于是乘机发动进攻，击败了曹军。

还有一场广为人知的战争，其背后也是气象导航发挥了重要作用，那就是"二战"时的"诺曼底登陆"。1944年6月3日，17万盟军官兵整装待发，准备向纳粹德国发起进攻。无奈天公不作美，时值初夏，附近上空有三个低气压带缓缓经过，海上风暴肆虐。是登陆作战还是取消计划，一切取决于天气。

盟军对天气的要求是：既要考虑能见度以便保证炮火射击的准确性，又要考虑风速以保障登陆艇的安全和空降部队着陆，并且登陆后几天内战区不能有雾——根据历史资料的统计结果，这种理想状态在初夏出现的概率不到 2%。

在这个关键节点，气象预报员通过分析发现：这场风暴会在 6 月 6 日出现短暂的中止。于是，1944 年 6 月 6 日清晨，盟军登上纳粹德国占领的诺曼底海滩，同时，由于海上的恶劣天气降低了德军的警惕性，没想到盟军抓住了这样一个作战窗口登陆，从此改变了人类历史。

1.3.4　选哪种航线更好？

气候航线和气象航线各有利弊。

与气候航线相比，气象航线充分考虑了航线上未来的各种天气过程，并在很大程度上克服了气候航线的局限性，使船可以及时避开危险航行区域和充分利用有利的天气海况条件。

与气候航线相比，气象航线对天气和海况的预报时效要求更高，原则上，预报时效越长，预报准确率越高，航线优化效果越好。但是，目前国际上天气预报水平只能提供比较准确的 5 天预报，中长期预报的准确率还不能完全满足 10 天以上跨洋航线的要求。因此，现阶段气象航线还不能完全取代气候航线。

现在很多情况下，还是将气候航线和气象航线两者结合使用，并且岸导机构在选择气象航线时，常以气候航线作为参考的基础航线，这样既能避免航线制定的盲目性，又能大大减少工作量或计算机的计算量。

另外，气象导航软件所提供的航线只是一个参考值，必须配合天文、地文导航做航线修正。而且，计算机数据并不是"万灵丹"，船上要备好气压计，记录风速风向，随时核实计算机数据和实际海上状况，就像配备电子导航的同时还是要配备海图导航一样，反复核实，人机合一更能保证安全，就像做各种计划，都离不开备份，方能保障万无一失。

说起来，对海上航线的规划，也有点像我们对人生路线的规划。

比如，航线或人生路线都没有什么直线可言，即使看似一片坦途，途中也难免冒出想不到的阻碍。

再比如，人人都希望找到捷径或航程最短的那条路线，可是考虑到沿途的水文气象条件，那条看起来距离最短的航程，未必花费时间最少或最划算，反而可能因为预想不到的风浪带来损失，有时候看起来迂回一下甚至像在退步，其实是为了更扎实地向目的地进发。

最关键的是，就像科考航线往往不确定因素更多，因为其航线通常是前人从未去过的地方，缺少经验借鉴，可这世界上，总会有人去做"第一个抵达的人"，只要做好万全准备，途中虽然辛苦且有风险，一旦抵达，就会看到前人不曾看到的奇景，将人类探索的边界向外拓展了一点点，又一点点。

1.4　规划航线时，需要考虑哪些环境因素？

海上环境比陆地上复杂多了。在陆地上，好歹地面多是平坦的，而且，遇到恶劣天气你可以选择不出车。

而在海上，影响航行的因素就复杂多了：大气和海洋都在不停地运动，有时甚至相当激烈，船被困其中如沧海一粟，更有那些看也看不到的海底地貌，都在时刻考验人的警惕性。

所以，为了航行的顺利和安全，我们需要研究每一种环境因素对船的影响。接下来主要介绍风、海浪、洋流、雾、海冰和冰山等各种条件，以及在不同条件下如何选定合适的航线。

1.4.1 风

风是航海者最关心的气象要素之一。自帆船时代，水手们就要格外关注风，他们要清楚什么时候可以乘风而行，什么时候要降帆躲避恶风。

风会改变船的速度和方向。一般情况下，船顶风减速，顺风增速。当风速小于 20 节（1 节 =1.852km/h）时，顶风约减速 5%，顺风约增速 2%。而当风速较大时，风引起的中大浪（浪高在 1.25~2.5m 称为中浪，在 2.5~4m 称为大浪）就会成为对船影响最大的因素，此时无论顺风还是逆风，船的速度都会减小。

海浪和海流其实也是风的间接表现。比如，一艘船速为 20 节的船遇到舷角（风向与船首向之间的夹角）60° 的 7 级风，且有 4m 高的大浪，这时，船速会下降大约 20%，也就是降到 16 节；同时为了防止海浪冲击船体，船长可能会下令降低主机转速，让船速更慢。

一般而言，当风舷角相同时，不同船舶因为船体形状和结构等因素的影响，其受风面积各不相同。客船受风影响最大，货船次之，油船受风影响最小。

1.4.2 海浪

海浪的本质，是发生在海洋中的一种波动。海水每日往复做着这种运动，呈现出自然界的奇妙美景。

但对于船和船员来说，这种自然美景却可能意味着麻烦，因为海浪会给船的航行带来各种负面的影响，如摇摆、偏荡、上浪或失速。

和风一样，当浪比较小时，顶浪航行时船速会降低，顺浪则会稍微增加船速。但是，当浪变成中大浪甚至更大，船会在大浪里产生偏荡运动，无论顺浪还是顶浪航行，都会使船速降低。

而当浪变成了 5~9m 的狂浪，船不仅会减速，还会产生纵摇、横摇和升降运动，每一种情况都可能给船带来破坏。

横摇过大，会造成船上货物的位移，危及船的安全，如果是航母遇到这种情况，还可能导致船上的舰载机损坏。当船的横摇周期与波浪周期相等时，还会发生共振产生谐摇，严重时会导致船舶倾覆。

大的纵摇会产生严重的船首入水撞击船体（在风暴条件下，浪的冲击力可超过 20t），有时会造成"打空车"（剧烈的纵摇和垂荡会使螺旋桨的一部分或全部周期性地露出水面，发生螺旋桨空转现象，俗称"打空车"），降低舵效，损害推进设备，严重时甚至会使船断裂。此外，浅水区的升降运动也会对船构成极大的威胁。

上述这些情况，不但危险，而且极影响船速，耽误时间。因为它们不仅本身会导致船速降低，同时，为了减少不利影响，船长还会主动降低船速或改变航向，导致航行的路线改变和时间变长。

理论和实践证明，对于"上层建筑"（指甲板以上的各种围蔽建筑物）不太臃肿和主机功率较大的现代船舶来说，因风的阻碍引起的失速占全部失速率的 1/3，而因海浪引起的附加阻力导致的失速则占 2/3。由此可见，海浪是船失速和危及航行安全的最主要因素。

1.4.3 洋流

洋流是海水具有稳定流向、流速的水平流动。它主要受大气环流的影响，同时还受海底地貌、海陆岸形和岛屿等因素的影响。

洋流主要影响船的航速和航迹。

对船来说，从一处行驶到另一处，归根到底是看它相对于海底的位置走了多远，或者说能走多快——而这个"能走多快"，取决于船自身的速度以及洋流的速度，简单说就是：顺流增加船速，逆流降低船速。举一个极端一点的例子，如果是逆水行舟又水流湍急，就像搭上反方向的扶梯，船明明努力往前开，实际上却在向后退。

除了顺流和逆流会造成"前后"方向的船速变化，不同角度的洋流还会影响船的航迹。像横流主要影响航迹，会让船偏离原来的航线；而其他角度的洋流，既影响航速又影响航迹。

1.4.4 雾

雾是影响海上能见度的主要因素之一。我们知道，在陆地上开车，如果遇到雾天会更容易发生追尾等事故；而在海上航行，如果遇到雾天，也会增加很多风险，稍有不慎，就会发生偏航、触礁、搁浅或碰撞的危险。

英国伦敦航海学校的一位船长曾统计了 1958—1974 年间所有的海上碰撞事故，发现在这期间发生的 2000 次事故中，有 70% 以上是发生在有雾且能见度不足 1 海里（1 海里 =1852m）的情况下。因此，在跨洋航线的选择中，雾是需要着重避开的因素之一。

可是，某些海域可能全年都有雾，跨洋航线要想完全避开这些雾区又不可能。另外，大雾一般发生在冷热气流相交的地方，可这种带有大量水汽的暖流与寒流交汇不仅会产生雾，还可能会造就营养丰盛之处，所以也往往是大渔场的所在地。鱼汛期间，渔船云集，加上雾滴浓密，会让航行条件变得更加恶劣。要完全避离雾区并不现实，所以在任何航行条件下都要有短时的雾航准备。

1.4.5 海冰和冰山

冬季，船在高纬度地区航行时，常常会受到海冰（由海水冰冻而成，是咸水冰，冰点随盐度增加而下降）和冰山（一般在陆地上形成，是淡水冰）的影响。

海冰密度比海水小，会漂浮在海面上，看上去可能不大，但实际上，在水下的体积远大于水面上的体积，因此对船的威胁很大，轻则会使船体、推进器和舵装置受到损伤，严重时还会造成船舶倾覆。

极地附近的冰川断裂后，会产生很多冰块，其中那些高出海面 5m 以上的冰块，就是我们说的"冰山"。冰山可以是漂浮的，也可以是搁浅的，形状不一，有的看起来像个尖顶，有的看起来像个小岛。

生活中，我们会用"冰山一角"来做比喻，形容看不见的问题比看得见的问题更大，而在真实的冰山这里，也确实如此。那些露出海面的冰山高度，一般只占总高度的 1/5 甚至 1/7，换句话说，海面底下的冰山高度是露出海面的 4 倍甚至 6 倍，而且潜伏在水下的冰山会像暗礁或浅滩一样伸展得很远，可能看起来离冰山还有很长一段距离，其实在海面之下，船已经很接近甚至可能撞上了冰山的底部。所以说，接近冰山航行是非常危险的，在航行中应尽量避开冰山。

你看，我们在规划航线的时候，除了要考虑自身的需求，还要服从大自然的规律和随之而来的各种环境因素，就像我们之所以是现在的样子，也是自身和环境互相作用的结果。规划人生航线如此，规划海上航线也一样。

1.5 要准备多少油，一艘船才能远航？

常言道，兵马未动，粮草先行。

如果说轮机是船的心脏，那心脏起搏的能量来自哪里？来自燃油。燃油就是轮机的"粮草"。要航海，"油"是最基础的保障之一。

一艘船要准备多少油才能起航？那要先看看这船的油耗有多大。

1.5.1 轮船油耗有多大？

我们在评价一辆汽车的性能时，少不了看一个重要参数——排量，也就是各个气缸活塞行程体积的总和。比如，一辆四缸汽车，每个气缸的排量大概是 0.4L，那么这辆车的排量就是 1.6L。一般来说，排量越大，动力越足。

船的性能也一样，也要看排量。以一艘接近 2 万吨的集装箱船为例，主机是苏尔寿传统机型"SULZER 8 RTA 52U"，意味着是 8 个缸的柴油机，每个缸的排量大概是 400L，8 个缸的总排量就是 3200L。

这种船与车的排量对比之悬殊，仅从气缸的尺寸也能略窥一二。一般来说，汽车发动机的一个气缸也就一个小西瓜大小，而船用柴油机上，一个气缸的高度就有一层楼那么高。由此可以想见，一艘万吨级的船，需要消耗的油量是惊人的。

在船上，一般通过流量表来计算燃油消耗量。船的主机和发电机燃油消耗都有一个流量表，记录它们消耗燃油的体积，再乘以燃油的相对密度，就会得到燃油消耗量。

举个例子，如果一艘船百公里的油耗体积是 5500L（也就是 $5.5m^3$），船用燃油相对密度在 $0.7 \sim 0.9kg/m^3$，取个平均值 $0.8kg/m^3$，就意味着它每行驶 100km，大约需要消耗 $5500L \times 0.8kg/m^3$ 也就是 4.4t 左右燃油，再加上发电机的消耗，其油耗数字会更高。

另外，这个数字也非绝对不变，而是会受很多状况的影响，如船舶载重、海上的海况等，载重越多，海况越糟糕，船舶油耗就越大，这和汽车行驶很相似，路途颠簸、车上坐的人多，汽车的油耗相应就高一些。当然，对于不同的船，或者相同的船以不同航速行进，油耗相差也会很大。

一艘船到底能有多少油耗？我们来算算：船用柴油机油耗为 0.2kg/kW·h 左右，这意味着，船要获得 1000W 的功率，1h 会消耗 200g 柴油。而船用主机功率差异较大，根据船型不同，功率范围可从 3~5kW 到 30~60MW（1MW=1000kW）。

船型越大，油耗越多。对于一些大型的集装箱船，连续航行一天消耗十几吨或几十吨甚至上百吨柴油都有可能。这个油耗，想加满一次油往往需要 10 多个小时。要知道，地面上一个小型加油站可储存的油量也就 100~200t，所以说，一艘大船一天的油耗相当于一个加油站，这话一点儿也不为过。

1.5.2　船用什么油?

生活中，我们去加油站时，工作人员常会问："加几号油? "不同的标号代表不同成分比例的汽油。作为车的动力来源，油的选择自有其讲究。

那船呢，船要加什么油?

船的燃料油一般有两种：柴油和重油。它们都来自石油，一般通过蒸馏、热裂化、催化裂化和加氢裂化等加工工艺提炼而成，为船舶提供动能和电能。二者不同的是，柴油是一种轻质燃料油；重油则是残渣燃料油，也就是提炼完轻柴油和汽油之后剩下来的残留物，属于重质燃料油，简称"重油"。图 1-12 展示了石油提炼过程。

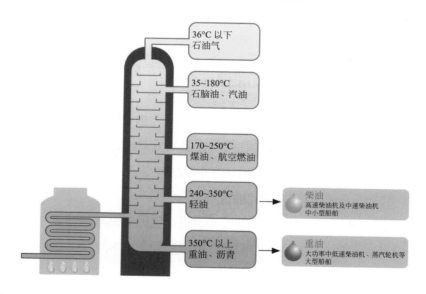

图 1-12　石油提炼过程：左边的石油（原油）经过蒸馏塔，层层分离出
　　　　不同沸点的石油产品，这些产品和人类的生活息息相关

柴油作为一种轻质燃料油，相对于重油易燃烧，而且单位质量（或体积）的燃料完全燃烧时所放出的热量高，但是价格贵，主要应用在高速柴油机及中速柴油机中，一般是为短距离航行的中小型船舶提供动力，如在长江、运河航行的运沙土船、渔船、干散货船等，或用于船舶的辅机发电使用等。

重油比较黏稠，流动性差，稍微遇冷就凝结成块，有点像铺柏油路的沥青，往往需要加热到 120℃ 左右才能有很好的流动性，而且单位质量（或体积）的燃料完全燃烧时所放出的热量低。但重油的优点是价格便宜，所以一般用于大功率中低速柴油机、蒸汽轮机等，在国际运输船舶以及在沿海、沿江运输的较大型船上使用，因为这些船的发动机马力大，要求油料的黏度高。民用大型船舶一般使用重油，主要是考虑经济性，因为重油便宜，价格相当于轻柴油的 1/3。

另外，根据燃油种类不同，储存时也要区分对待。船用燃油一般都储存在左、右舷双层底油舱内，根据油品不同进行分舱储存。另外，劣质重油最好不要长期存放，否则容易氧化变质。

1.5.3 谁给舰船加油？

话说回来，如此庞大的油耗，是要带足了油才能去远航吗？

一般情况下，船舶确实会在航行之前根据航线的实际情况，把所需要的油量加满，并且还会准备好备用的燃油。但是，万一途中出现"没油了"的情况，还是有办法加油的。

比如，有一种方法是当船舶没油后进行锚泊，然后等待海上驳油船来补给燃油，但这种方法有个前提，就是船舶不能离海岸太远。还有一种方法是在船舶快没油的时候，提前靠港加油，如果实在没油了，就让远洋拖轮拉回港。

无论是锚泊等待还是回港加油，都需要花费不少时间，同时也受到位置限制，需要船舶离海岸和港口不太远。但舰艇编队一出海就是几个月，往往几天就需要补给一次，如果不断返港加油，显然会浪费时间，若是战争期间，还会贻误战机。

这时就需要综合补给舰出场了。海军部队为了让舰船能安心远航，不担心油料供应问题，还设置有移动的"海上后勤仓库"——综合补给舰（图1-13）。补给舰既保障作战又保障生活，舰队远航所需要的，几乎应有尽有，除了加油和弹药，还可以加淡水和补充食品。

图1-13 综合补给舰的部分功能

综合补给舰的特点是吨位较大，专业舱室多，所带物资齐全，补给设施配套，既有淡水、粮食、蔬菜、水果等生活物资，也有柴油、航空燃油、弹药等作战物资，还有各种用于应急抢修的备品、备件。它能在短时间内"吞吐"大量物资，对各类舰艇进行快速补给，还可以通过横向、纵向及垂直等多种方式，一边伴随舰队航行一边进行补给（图1-14）。

图 1-14　南海舰队在我国南海进行综合补给训练

（图片来源：南海舰队）

　　现在，规模较小的舰艇编队远航时通常只带一艘补给舰，大多为综合补给舰，所装物资能在一定程度上满足舰队赴远海作战的需求。如果是规模较大的舰艇编队远航，需要的补给舰就不止一艘了，而且，不仅需要有跟随编队航行的综合补给舰，还需要有专门的岸基补给舰向海上编队补给舰进行补给，这样编队里的补给舰就不必花费时间返港补充物资，大大提高了编队海上支援保障的效率。

　　我国海军舰艇编队的远航行动，总少不了补给舰的身影。不过，当出海的舰艇编队中包含补给舰时，往往意味着更远的航程，也意味着更全的体系和更强的战力。特别是在航母编队中，补给舰更是不可或缺的，有网友戏称补给舰为"航母的最佳伴侣"甚至"航母奶妈"。

　　对于补给舰来说，比起"航母奶妈"，"航母的最佳伴侣"或许是更贴切的称谓。因为奶妈的陪伴是暂时的，而且往往只陪伴你最初那段年幼、弱小且几乎没有选择权的时光。但对于强大威武、叱咤海上的航母编队来说，补给舰不仅默默提供了全程的贴身保障，更提供了可长期执行任务、可连续作战的底气和信心。

话说回来，不管是航母编队还是其他舰船，如果想要远航的话，那么要准备的除了油还有很多。就像人们出差或旅行一趟都需要准备大量的琐琐碎碎的行李物件，出海远航要准备的就更多了，大到船用的燃油、人需要的食物淡水，小到应急抢修的小备件。这其中，对补给船的保障，也需要在远航前就做好合理的规划，就像即便有伴侣的支持，也要自己做好准备，才能更稳妥地出发，更稳健地前行。

第 2 章
精益求精的船舶

要去往遥远的彼岸，需要面临风浪涌流等各种威胁，此时船的重要性便不言而喻。但是想要船乘风破浪，并不是件容易的事。水上钢铁巨轮的发展带来了技术的演进和文明的进步，但千百年来，人类对于船的精细化探索从来没有停止。

2.1　人跑得快要靠心脏，那船要跑得快，靠什么？

最初，人们"刳木为舟"，单纯靠自然力和人力，缓慢划入水中。经过漫长的发展，如今人类已经有了几十万吨的超级轮船，钢铁身躯，动力庞大，可以在地球上自由航行。

那么，驱动钢铁巨轮的动力从哪里来？

我们知道，人要靠心脏泵血供全身运行，其实，船也要靠船的"心脏"来提供强大动力，这个"心脏"就是轮机，也就是船舶动力装置。它们一般安装在船靠近底部的机舱里，将易于储存的能源（如柴油）转化成动能，直接驱动船舶或作为发电设备的原动力机。

简单来说，轮机的动力越强，就相当于船舶"心脏"更强，可以驱动船跑得更快，航行距离更远。

2.1.1　船舶"心脏"越来越强

轮机是工业革命后才出现的。在这之前，人们摇着木质的桨、橹或者竹篙，靠人力航行。除了人力，也靠风力，靠风力的帆船早在公元前就出现了，15—19世纪中叶是它的鼎盛时期。中国明朝的郑和下西洋和美洲地理大发现，使用的就是帆船。

18世纪中叶，英国人瓦特（James Watt）改良了往复式蒸汽机，是从手工劳动到动力机器生产转变的重大飞跃，第一次工业革命开始。工业革命改变了很多领域，当然也包括船舶。

1807年，世界上第一艘往复式蒸汽机轮船"克莱蒙特（Clermont）"号（图2-1）在美国建成并试航成功，这是第一个可以称之为具有近现代意义的船舶动力装置。"克莱蒙特"号的动力装置，主要由三部分组成：

为蒸汽机提供高温高压的蒸汽的主锅炉，为推进器提供动力的往复式蒸汽机，以及推着船舶前进的推进器。

"克莱蒙特"号的推进器采用的是明轮。轮船之所以叫"轮船"，就是因为装有明轮，而"轮机"这个专业术语也由此而来："轮"代表船舶的推进器；机即往复式蒸汽机，代表船舶主发动机。另外，为了控制船舶航向，"克莱蒙特"号在船尾还装有舵和舵机，它们也是轮机的重要组成部分。

1829 年，奥地利人约瑟夫·莱塞尔（Joseph Ressel）发明了船舶螺旋桨，克服了明轮推进效率低、易受风浪损坏的缺点。此后，螺旋桨推进器逐渐取代了明轮。1839 年，蒸汽机首次装船驱动螺旋桨。

1896 年，英国人帕森斯（Charles Parsons）成功地发明了旋转式汽轮机并应用在一艘快艇上。这种汽轮机可以将蒸汽的能量转换为机械功，试航速度达每小时 34.5 海里。此后，汽轮机被广泛应用在大功率船上。

19 世纪初，蒸汽机逐渐取代人力、风力作为船舶动力，标志着船舶动力的第一次革命开始。

图 2-1 "克莱蒙特"号

（图片来源：Detroit Publishing Company）

1897 年，德国发明家鲁道夫·狄塞尔（Rudolf Diesel）成功制造了一台能安全运转的柴油机，热机领域一次新的科技革命从此诞生了。德语中的柴油机一词"Diesel Engine"就是以他的姓氏来命名的，他也被称为"柴油机之父"。

柴油机有很明显的优点：单机功率高、可靠性强、油耗低，它逐渐取代了汽轮机。

到了 20 世纪初，柴油机开始用于运输类船舶。1914 年，柴油机船舶占全世界船舶总吨位的 0.5%，到 1940 年上升为 20% 以上。现在，柴油机在船舶动力系统中仍占有统治地位，大部分商船都用柴油机。

20 世纪 60 年代，从航空燃气轮机中衍生出了船用的燃气轮机。早期开发的这种燃气轮机主要用于军用舰艇，目前舰艇动力燃气化已成为各国海军发展的既定方针。

经过长期的实践，燃气轮机也用在了民用船舶中。在某些领域，如高速喷射水翼船、高速双体船、气垫船等高性能船舶，燃气轮机已扮演了重要的角色，显露出独特的优异性和无穷的生命力，被公认为是一种优良的、大有发展前途的机种。

能量惊人的核动力也被开发使用在了船舶上。到目前为止，核动力船舶已有 60 多年的发展历史。冷战期间，美国和苏联两个超级大国竞相研建各型核动力军舰，还致力于开发破冰船、商船等民用核动力船舶，并取得了诸多成就。1954 年，美国建成世界上第一艘核动力潜艇。

1957 年，苏联成功建造了核动力破冰船，开启了民用船舶的核动力时代。1959 年，美国成功建造了世界首艘核动力商船。使用核动力装置以后，船舶的推进能源又进入了一个崭新的阶段。

20 世纪中叶以来，内燃机、燃气轮机、核动力汽轮机逐步发展成熟并被应用于船舶动力，船舶动力的第二次革命由此开启。

用上核动力之后，动力系统并没有停下前进的脚步。20 世纪末以来，随着各国海洋开发和海防建设的快速发展，船舶电能需求大幅增加，并且对船舶动力的机动性、安静性和燃油经济性等性能要求也都显著提高。同时，石油资源日益短缺，环境污染不断恶化，各国正积极倡导发展绿色船舶，推动可再生能源在船舶动力中的应用。

在此背景下，形成了船舶综合电力系统。这种系统集成了船舶推进系统和电力系统，更容易实现全船能量的精确高效控制以及多种再生能源的灵活接入，降低船舶动力对传统化石燃料的依赖度；而且降低了环境污染，提升了船舶的机动性、隐蔽性，能精准高效地分配船舶的能量。由此，综合电力系统成为船动力系统的第三次革命。

2.1.2 谁才是最佳"心脏"？

那么问题来了，既然有这么多种动力系统，应该如何选？不同的船有不同的"标配"吗？可以混用吗？

事实上，在选"心脏"方面，船舶也有从经济性到功能性的各种考虑。接下来就为大家分别介绍不同的船舶"心脏"。

1. "市场占有率"一哥——柴油机

目前使用最广泛的船舶心脏是柴油机。在现代舰船中，柴油机动力装置占 90% 以上。尤其是在中小型军用舰艇上，高速、中高速及中速

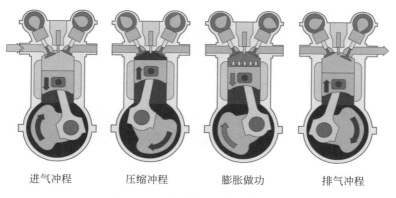

进气冲程　　　　压缩冲程　　　　膨胀做功　　　　排气冲程

图 2-2　柴油机工作示意图

柴油机仍然是主要的动力源之一。

柴油机的工作原理如下：压缩的空气产生高温高压，使喷入雾化的柴油爆炸膨胀，压力直接作用在活塞上，推动活塞沿气缸做高速直线往复运动，然后经过曲柄连杆机构将活塞的直线运动转化为曲柄的旋转运动，从而输出机械功。图 2-2 是柴油机工作示意图。

扫码实地探访机舱里的柴油机（无噪声版）

柴油机最显著的优点就是经济性。比如，LM2500 燃气轮机的千瓦小时油耗约 300g，而 MTU956TB92 型柴油机的千瓦小时油耗只需 210g 左右。此外，柴油机的机动性也很好，从停车到正常运转，从正常行驶到满负荷，以及进入倒车状态需要的时间都很短，一般都可以在两三分钟内完成。

当然，柴油机的缺点也很明显：震动剧烈，噪声大。对军舰来说，噪声意味着危险，因为会更容易被潜艇发现。此外，柴油机的功率范围较小，抗过载能力低，当比额定功率（机器效率最高、工作状态最好的功率）提高 10% 时，柴油机只能维持 1h 左右；而且最低稳定转速比较高，从而影响到舰船的低速航行性能。

总体来看，因为具有良好的经济性和机动性，柴油机还是成了绝大多数船舶动力要求的最佳选择。不过，由于噪声大和功率范围不够大，因此它在高性能舰船里难堪大任，目前主要作为中小型水面舰艇的主机、大型舰艇的巡航主机、发电机组的原动机等。我国的 054 护卫舰、071 船坞登陆舰、075 两栖攻击舰等均使用柴油机。图 2-3 为我国 075 两栖攻击舰海南舰。

图 2-3 我国 075 两栖攻击舰海南舰

（图片来源：南海舰队）

2. 大块头有大力量——蒸汽轮机

蒸汽轮机的原理其实就是将热能转化为机械能。首先燃料在锅炉的炉腔内燃烧，加热水形成水蒸气，水蒸气进入蒸汽轮机后膨胀做功，驱动蒸汽轮机叶轮转动，从而带动螺旋桨工作产生动力。

蒸汽轮机最突出的优点就是单机功率比较大，一般的航母蒸汽轮机单机输出功率在兆瓦以上，可以推动 10 万吨的庞然大物跑出 30 节的高速。因为发展历史悠久，技术成熟，所以很可靠，使用寿命也较长。同时蒸汽轮机是外燃机，只要能把水烧开就可以用，因此可以使用劣质燃油，从而节省成本。

我国的辽宁号航母、山东号航母、051 各型号驱逐舰、现代级驱逐舰均使用蒸汽轮机。图 2-4 为我国首艘航空母舰辽宁舰。

图 2-4　我国首艘航空母舰辽宁舰

（图片来源：央广军事）

不过，也是因为要把水烧开慢慢"憋压力"，蒸汽轮机的缺点就是启动时间非常长。像柴油机的启动时间在半小时左右，启动速度最快的燃气轮机最快只需要几分钟甚至数十秒，而蒸汽轮机往往需要几小时。因此，我国辽宁舰航母在战备状态时，就算是靠泊，锅炉也会保持点火状态，为的就是一旦需要出任务，可以迅速启动离开港口。

此外，蒸汽轮机的能量转换过程比较复杂。首先是燃油的化学能转化为蒸汽的热能，然后是热能转化为机械能，需要两次能量转换，这也意味着过程中损耗的能量更多，经济性比较差；而且二次能量转化导致附属设备比较多，装置比较复杂，所以使用和维护管理的难度也更大。

3. 军舰上蓬勃发展——燃气轮机

燃气轮机与汽轮机的原理大致相似，只是此"气"非彼"汽"——要从热能转化成机械能，汽轮机是用燃料加热水，用水蒸气推动叶轮；而燃气轮机则直接利用高温燃气推动叶轮。

很多先进的驱护舰都是用燃气轮机作为动力来源，因为燃气轮机虽然更耗油，但好处是启动速度快，而且能满足现代舰艇航速高、变速转向快以及主机重量轻且功率大等多方面的需求。我国的 052、055 型驱逐舰都是使用燃气轮机。图 2-5 为我国自主研制的 055 型驱逐舰大连舰。

图 2-5　我国自主研制的 055 型驱逐舰大连舰

（图片来源：南海舰队）

不过，燃气轮机的缺点也比较明显，就是费钱。因为它不仅油耗大，而且对燃料的品质要求也很高，蒸汽轮机烧水可以使用劣质燃油，燃气轮机在油上可是省不得，特别是偏离额定工况（相当于偏离了机器工作性能最佳的一个状态）时，油耗更是猛增。因此，这么费钱的轮机，就不太适合商船使用。

需要注意的是，燃气轮机排气排温高，热辐射强，这种很强的热信号特征会影响我们舰船的红外隐身行为，所以在军舰上的使用也有限制。而且，有足够高的工业水准来生产燃气轮机的国家屈指可数，很多国家如果要用这种动力就需要付出很大代价。

4. 舰行万里不加油——核动力

　　核动力与蒸汽轮机的工作原理类似，只是用核反应堆代替了锅炉。核动力船舶的工作原理是：利用核反应堆工作产生热量，烧开水产生蒸汽，蒸汽轮机带动发电机产生电能，或者直接通过变速箱传递给螺旋桨，获得船舶运动的动力。

　　核动力装置主要用于大型军舰和潜艇。以核动力航母为例，航母上的核反应堆发生核裂变，相当于一个锅炉产生高温，高温加热一回路的水达到过饱和状态；高温过饱和水进入交换器，将热量传递给二回路；二回路的水经过热交换，也达到高温高压状态，并且不带辐射（为保证辐射安全，一回路是一个封闭回路，二回路与一回路是相互隔离的，不发生介质交换。通过一台"共用的"设备，如蒸汽发生器来进行能量交换）；二回路的高温高压水，通过喷嘴变成高速蒸汽喷出，推动蒸汽轮机运转；蒸汽轮机将动力输送到减速箱，经过减速箱减速后，再去带动螺旋桨（图2-6）。

　　核动力装置功率大，续航力强，能够支持船舶航行几十万海里。但是，核反应会释放大量放射性物质，所以，为了避免危害人体健康，污

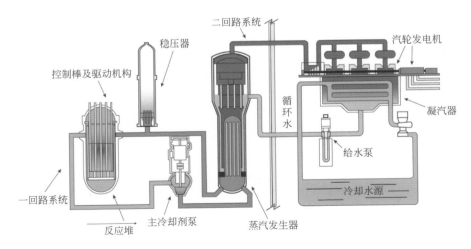

图 2-6　核动力装置工作示意图

染水域、海洋和码头，需要在船上设置重量达数百吨甚至上千吨的铅屏蔽物，来阻止放射性物质的外泄。由于整个核动力装置尺寸庞大且笨重，因此，只有一些空间宽裕、续航需求大的大型舰船，如航空母舰、巡洋舰以及大型破冰船等，会配置核动力装置。另外，核动力装置不依赖空气，所以最先应用在水下航行、不能提供空气的潜艇上。

5. 团结起来力量大——联合动力

各类动力设备各有优缺点。在选择动力系统时，应根据船舶的特性和需求使用联合动力装置，也就是由两种不同主机型号或者同一主机型号的多台发动机构成的动力装置，这样可以起到优势互补、扬长避短的作用。

为什么一台主机不够，而是需要几台动力设备？这是由舰船的运行情况来决定的。

舰船有两种常用的航速，一种称为巡航工况，另外一种称为全速工况。根据相关统计数据，任何一艘舰船在其服役周期内，至少有 80% 的时间航行在巡航航速下，即为较低航速航行。如果采用单一形式的主机，主机的功率必须满足舰船最大航速的要求。那么，在低航速航行的过程中，主机至少有 80% 的时间工作在低负荷工况下，这将严重影响主机工作的可靠性、经济性乃至使用寿命。我们熟悉的汽车经常在市区低速行驶，容易造成积碳，影响发动机的使用寿命，也是一样的道理。

在巡航工况时，我们追求的是经济性好，在全速工况中，我们要求的是功率大。而采用联合动力装置就能同时满足两种不同工况下的需求。

联合动力装置的主机形式搭配比较多样。比如，柴燃联合动力装置，它包括柴燃交替工作形式，是指巡航的时候使用柴油机工作，加速的时候使用燃气轮机工作；或者是柴燃共同工作形式，即巡航时用柴油机工作，加速时用柴油机和燃气轮机共同工作，这样既能发挥柴油机经济性好的特点，同时也充分发挥了燃气轮机单机功率大的优点。此外，联合动力装置还有柴柴联合、燃燃联合、燃蒸联合动力等。

当然，联合动力系统也会存在系统复杂、增加维护难度等问题。

实际上，舰船采用何种动力装置形式，还主要取决于每个国家发动机工业的发展水平。

比如，美国、英国的燃气轮机工业比较发达，因此其舰船采用燃气轮机动力装置形式的就比较多。法国、德国的柴油机工业比较发达，所以他们的舰船采用柴油机来作为主机的就比较多。我国目前的柴油机工业比较发达，所以在商船和军舰上，较多使用国产柴油机，不过，燃气轮机发展形势也很可喜，燃气轮机目前也已经实现了国产化，并实现了装备应用。

6. 联合动力还不够，综合电力来推进

综合电力推进是目前非常先进的一种动力形式。它是把舰船推进系统与电力系统合为一个整体，将全舰所需的能源以电力的形式集中提供，统一调度、分配和管理。可以说，综合电力推进代表了当前世界海军舰艇最先进的推进形式。

为什么需要采用综合电力推进系统呢？

这也是为了适应舰船不断发展的需求。传统舰船中携带燃料 80% 的能量用于舰船机械推进，20% 的能量用于发电，提供给武器、生活等方面。但未来舰船的武器配置会更多更先进，比如说电磁弹射器、高能激光武器、微波武器、电热化学炮等，对大功率电力的要求也更高。所以必须统筹全舰的能源，才能满足武器的能量所需。

综合电力推进系统的优势较多，如推进电机与螺旋桨匹配易于控制，当需要改变船舶进退时，只要改变电流方向就可以控制电机反转，从而控制螺旋桨的方向。但综合电力推进系统也存在初期投资比较大，需要二次能量转换导致效率较低等问题。

此外，还有一些特种动力装置，如热能动力、小型核能装置、水下

化学电源、蓄热式非传统能源等，但因为技术和其固有缺点，未能大面积推广应用。

舰船的"心脏"类型多种多样，发展至今，除了人力，各种船舶动力类型都有较好的发展和应用。

俗话说，适合自己的才是最好的。其实这句话不但适用于生活中的各种关系，也适用于船和轮机，也就是船和"心脏"的关系。对船舶而言，没有最好的"心脏"类型，只有最适合自己的"心脏"类型，如燃气轮机虽然油耗厉害，但启动快，动力强，所以适合用在军舰上。

而且，"适合"并非终点，只是一个好的起点。比方说，蒸汽轮机虽然启动速度比较慢，但单机功率大，适合用在航母上，而航母在靠泊时保持锅炉点火，以便一有任务就能迅速启动，也是为了适应蒸汽轮机"慢"的特点。由此可见，一份好的关系，不仅需要适合，也需要彼此磨合，主动去适应对方。或许，世间的关系都脱不开相似的道理。

2.2 逆水行舟，不进则退……那船是靠什么推进的？

谚语道，逆水行舟，不进则退。船要乘风破浪并不容易，就算不是逆水行船，只要船在水中前行，水的黏性和水面波浪就会带来阻力。为了保持方向和速度，就要有推力或拉力来克服这些阻力。

推力需要能源和推进器共同产生。能源包括人力、风力和各种形式的发动机。但仅有能源还不够，还需要专门的装置或机构，把能源（发动机）发出的功率转换为推船前进的功率，这种装置就是推进器。

倘若留心一些与行舟相关的古诗词，除了可以感受泛舟水面的意境之美，也可以看到传统推进器的影子。比如，"潮平两岸阔，风正一帆悬"中的帆，"微风泛兰桨，落日过松亭"中的桨，"谈笑间，樯橹灰飞烟灭"

中的橹，"湖上雨晴时，秋水半篙初没"中的篙，都属于推进器。

如果说轮机是船的"心脏"，那推进器就相当于船背后的"推手"。

2.2.1 船都有哪些类型的"推手"？

不管是民船还是军舰，"速度"都是衡量船舶性能的重要指标。为了让船行进得更快，就需要选择推力足够且高效的推进器。

船的推进器有很多种，下面介绍一些常见的类型。

1. 风帆

自远古时期至 19 世纪初期，风帆一直是船舶的主要推进器。风帆利用的能源便是风能，虽然免费，但得到的推力依赖于风向和风力，所以船的速度和操纵性能还是受到限制。

后来，人们采用蒸汽机作为船舶主机后，风帆也被其他形式的推进器所代替，只有一些游艇、教练船和小渔船上还在用风帆。不过，现在化石燃料资源越发紧张，为了节省能源，国内外又在研究对风力的利用，如今，已经有一些风帆助航节能船开始使用"风帆助推"的方案了。

2. 明轮

明轮是局部没水的推进器，外形略似车轮，其水平轴沿船宽方向置于水线之上，轮之周缘装有蹼板（或称桨板）。操作时，蹼板拨水向后，自身受到水流的反作用力，该力会经轮轴传至船体，推船前进。图 2-7 是一艘行进中的明轮船。

安装于舷侧的明轮叫边轮，安装于船尾的叫尾轮。边轮会增大船宽，对横稳性有利，但在风浪中不易保持航向。尾轮则适用于狭窄航道。明轮曾广泛用作海船的推进器，但由于本身结构十分笨重，在波涛中不易保持一定的航速和航向，且蹼板易损坏，所以目前仅应用于部分内河船舶。

图 2-7　一艘行进中的明轮船

（图片来源：pixabay）

3. 螺旋桨

它由若干桨叶（2~6叶）组成，桨叶固定在桨毂（固定在螺旋桨中心的部件，负责连接、支撑和保护螺旋桨叶片）上，各邻近叶片之间相隔的角度相等（图2-8）。

当螺旋桨转动时，桨叶拨水向后，自身受到水流的反作用力，其推力通过桨轴和推力轴承传递至船体上。螺旋桨构造简单、造价低廉、使用方便、效率较高，是目前应用最广的推进器。

图 2-8　船舶螺旋桨种类

4. 直叶推进器

直叶推进器也叫竖轴推进器或平旋轮推进器，由若干垂直的叶片（4~8 叶）组成。这些叶片等间距地分布在与船体底部齐平的圆盘上，从船体垂直伸向水中，绕垂直于船体的中心轴线做圆周运动，同时还按一定规律绕自身的轴线摆动，就这样通过改变叶片的摆动规律，可以在360°范围内连续、快速地改变推进的方向和推力大小（图2-9）。

直叶推进器的优点是操纵性高且机动性能好，能够实现船的横向移动、原地回转等动作。缺点则是结构复杂、造价昂贵、叶片的保护性差、极易损坏。目前这类推进器常用于港口作业船，或对操纵性有特殊要求的船，如扫雷艇。图2-10是安装在拖船下方的直叶推进器。

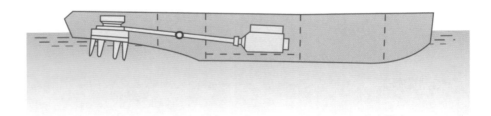

图 2-9　直叶推进器示意图

图 2-10　安装在拖船下方的直叶推进器

（图片来源：维基共享资源 / 作者：Voith AG, Heidenheim, Germany）

5. 喷水推进器

喷水推进器依靠水的反作用力产生推力，一般安装在船尾，由主机驱动。

喷水推进器工作时，船外的海水从船底通过进流管道进入，由叶轮对海水做功并向后喷出。在喷口处，喷出的水流速度大于船速，其反作用力推动船前进或者后退（图2-11）。

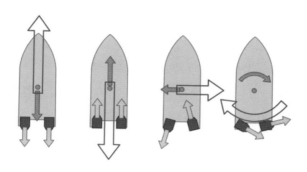

图 2-11　喷水推进器方向控制示意图。黄色箭头——喷射方向；红色箭头——施加到船只上的力的方向；白色箭头——船只的移动方向

当船全速航行时，所有的水流均向后喷出。而进入全速倒航模式时，所有的水流向前喷出。在零航速模式中，一部分水流向后喷出，一部分向前喷出。

6. 联合推进

正如船舶各种类型的动力装置都存在优缺点，因而采用联合动力装置优势互补一样，船舶推进为了弥补单一装置的缺点，也会采用两种推进方式构成的联合推进动力装置。

常用的有泵/桨联合推进、吊舱桨（集推进和操舵于一体，螺旋桨能像舵一样随意旋转，甚至能360°旋转，操纵性能好，但维护保养比较麻烦）/泵联合推进，以及桨/吊舱桨联合推进，等等。

联合推进所采用的动力形式可以是单一的，也可以是联合动力。

2.2.2　哪种推进器性价比最高？答：螺旋桨

人类很早就开始使用螺旋桨作为船的推进器，世界各国都有很多相关的发明和设计。

19 世纪初，各国竞相研究螺旋桨，并在实际航行中试用。1867 年曾有人统计过，有不少于 470 人"发明"了螺旋桨。1836 年，"史密斯"（Smith）号采用木制单螺纹蜗杆形螺旋推进器，以 8 节的速度航行了 400 海里，在试航中，推进器在水中碰到了障碍物，长螺杆变成了短螺杆，但船速反而增加了。发明者受到启发，又将短螺杆改进成叶片，最后演变成一根轴上带有几个叶片的现代螺旋桨。

19 世纪中叶以后，螺旋桨获得了广泛应用。在长期的实践过程中，螺旋桨的形状不断改善，桨叶螺旋面的长度逐步减小，桨叶的形状也逐渐趋于完善。

和其他类型的推进器相比，螺旋桨的构造简单、效率高，所以目前仍是军舰和商船上应用最为广泛的推进器。

螺旋桨桨叶的数目通常为 3 叶、4 叶、5 叶，叶片间相隔的角度相等。其直径往往受到船舶吃水的限制。一般来说，螺旋桨直径越大转速越低，效率越高。螺旋桨与船要有良好的配合，避免桨面露出水面而影响效率，而且间隙要适当，以避免引起严重震动。

我们可以通过普通螺钉的旋转来理解螺旋桨的运动。如图 2-12 所示，把螺钉转一圈，它就在螺帽中前进一段距离，这段距离称为螺距。船上应用最广泛的，就是螺距相等的等螺距螺旋桨。桨叶叶面通常是螺旋面的一部分，就像螺钉的螺纹一样。

螺旋桨是在水中运动的，水就相当于螺帽。螺旋桨旋转时，把水推向后方，水给螺旋桨反作用力，这就是推船前进的推力。推力的大小由转速控制，而方向由转向控制。要让船停航或倒航，就必须改变螺旋桨的转向。

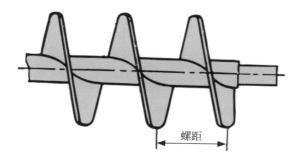

图 2-12　螺距示意图

除广泛应用的普通（等螺距）螺旋桨外，为满足不同船的特殊要求，实践中发展出了一些特种螺旋桨。下面介绍其中的一部分类型。

比如，导管螺旋桨（图 2-13），也叫套筒螺旋桨，是在普通螺旋桨的外面套上一个圆形套筒。

图 2-13　导管螺旋桨

（图片来源：维基共享资源 / 版权：公共领域）

套筒的作用是制造一个有利于螺旋桨工作的流场，这样可以减少艉流的能量损失，提高螺旋桨的效率；但也有缺点，就是船的倒车性能会变差。这种螺旋桨主要用于拖网渔船和拖船等多工况船。

比如，对转螺旋桨（图2-14），又称双反转螺旋桨，就是把两只普通螺旋桨分别装于两根同心轴上，并以等速或不等速反向转动。

图 2-14　安装在鱼雷上的对转螺旋桨

（图片来源：维基共享资源 / 版权：公共领域）

相比单桨来说，一只对转桨的推进效率可以提高 5%~15%，且具有更高的操作灵活性。但这种推进器润滑比较困难，传动装置比较复杂，多用于鱼雷和潜艇。

再比如吊舱推进器（图2-15），就是将推进电机安装在水下箱体内，直接驱动螺旋桨。

图 2-15　吊舱推进器

（图片来源：维基共享资源 / 版权：公共领域）

吊舱推进器把舵和桨合二为一，可以绕自己的轴线做 360° 旋转，在航行过程中，可根据航行需要来调整推进器的角度，以实现正航、倒航以及战术机动的需求。但吊舱推进器价格比较贵，功率也比较有限。受电机功率容积限制，桨的直径、转速往往达不到最佳设计值。

2.2.3　大螺旋桨居然怕小气泡？

早在 19 世纪末，造船界就注意到了一种奇怪的现象：空泡。

1894 年，英国的小型驱逐舰"勇敢"号（Daring）在初次试航时，发现转速比额定转速低 1.54%，两台主机的总功率比额定功率低 7.5%，同时航速也比原定的设计航速 27 节差了 3 节。后来人们对螺旋桨做了多次修改设计，但每次试航结果差别不大，甚至尾部还发生了剧烈震动。

1897 年，在造船工程师会议上，负责建造该舰的总工程师详细介绍了该舰试航时所遇到的现象，认为最初未达到预期航速的原因是螺旋桨发生了空泡现象。顾名思义，空泡就是小的空气泡，随着转速的不断增加，螺旋桨周围的流体介质，也就是水，会在某一个时刻从液态变成气态（水蒸气），也就出现了空泡。

在日常生活中，我们会在烧开水时观察到这种现象，水的温度升高到沸点，就变成了水蒸气。其实，还有一种情况叫"冷沸腾"，也可以达到这个效果。冷沸腾实际上就是降压，不断降低水的压强，当压强降低到水的汽化压强之下，水也会从液态变成气态。螺旋桨在工作时，显然不能把温度提升到沸点，但是它在产生推力的时候，会导致周围的水压下降，当降低到汽化压强以下时，就会出现空泡现象。

对作战舰船来说，空泡会带来十分不利的影响。首先，空泡溃灭时会造成螺旋桨的剥蚀；然后空泡严重时，还会导致螺旋桨水动力性能下降；此外，空泡会引起船体尾部剧烈震动，影响舒适性；而且，空泡的发生和溃灭使流体产生微震动，螺旋桨的噪声将会大幅度增加，不利于舰艇的隐蔽。

为了解决空泡问题，尤其是军舰上与高转速和大功率主机相连的螺旋桨上难以避免的空泡，人们做了很多技术上的尝试和改进。比如，研究出了空泡螺旋桨（部分螺旋桨叶背在被空泡笼罩条件下，仍能正常工作的螺旋桨）和全空泡螺旋桨（叶背完全被空泡笼罩情况下使用的螺旋桨，效率高于有部分空泡的螺旋桨，并可避免气蚀）。

但是，随着船舶变得越来越大型，功率也越来越高，螺旋桨的负荷也在不断增加，即使改进技术，尾部流场的不均匀性总会使螺旋桨上产生时生时灭的空泡，导致桨叶剥蚀损伤，而且尾部往往伴有强烈的震动。

因此，必须设法减少或避免螺旋桨空泡的发生，这能够进一步提高船的最高航速，也能降低螺旋桨噪声。措施主要分两方面：一方面是可以优化螺旋桨的结构，如增大螺旋桨的直径、降低转速、增大盘面比、采用更为合理的叶剖面形状，使叶面载荷分布更均匀；另一方面是探索新的推进方式，如前面提到的喷水推进装置，推进水泵的叶轮在均匀的流场中工作，使其具有较好的抗空泡性能。目前，采用喷水推进的舰船最高航速已经达到 60 节甚至更高，前景还是相当值得期待的。

像很多技术或装置一样，不同类型的推进器也都有各自的优缺点。比如，吊舱推进器机动性好，可以更灵活地满足多种需求，但价格贵，功率也受限；螺旋桨性价比高，但是会有空泡带来的风险，因此我们必须想办法去优化，或者探索新的推进形式。

其实，回顾历史就会发现：促进技术或者我们人类本身进步的，往往不是长处，而是短板，正是在解决短板的过程中，带来了一项项技术的演进和文明的进步。虽然缺点可能带来阻碍，但有时换个角度看，缺点也可以变成进步的契机。

2.3　大海航行靠舵手……舵到底是啥，船的方向盘吗？

舵，作为船上特有的装置，离我们的日常生活仿佛有点遥远，却又无处不在。

曾有一首脍炙人口的歌曲传唱着"大海航行靠舵手"；形容一个人富有领导力，可能会说他是位优秀的掌舵者；舰船博物馆中，常常放着一座领航舵，用来表达"指引正确方向"之意。

舵手和舵有多重要呢？舵手直接掌控着整条船的前进方向，在舰船航行中，舰长往往和舵手待在一起甚至亲自操舵，以便随时调整船的航线；至于舵本身呢，舵装置的完好与否会直接影响到舰艇的安全机动。

汽车驾驶中，有个借用自开船的说法：将香港驾驶员靠右的方式称为"右舵"，内地驾驶员靠左的方式则叫"左舵"。

2.3.1　"舵"就是那个像方向盘的装置吗？

舵到底是什么，就是船的方向盘吗？

是，也不是。

舵其实是控制方向的一整套设备，除了常见的舵轮（就是舵手握着的那个像方向盘的东西），还有舵机，以及船尾的片状的"舵叶"，这些全部加起来才能控制船的方向，这就是整体的舵。

说起来，舵可是一种历史悠久的部件。

我国的船舵是由船桨发展而来的。早期，人们用桨在船的一边划动来让船前进。当两侧的桨力不对称时，船会转向，于是人们也学会了用桨来改变航向。

后来将桨的推进和操作航向这两种功能逐渐分离：人们在船尾设置了专门的桨来控制方向，并扩大了桨叶面积；除了位置改变，操作也从原来的划动变成不离开水面的左右摆动。就这样，桨就逐步变成了舵。

早期的舵是斜伸出船尾的，在船后凸出部分较多。但这样的尾舵桨也存在一些缺陷，如遇到浅滩或靠岸时不易操纵。后来人们又发明了升降舵，可以根据水深调整舵的高低。当船靠岸或驶入浅滩时，可以把舵吊起来，避免被折断；不需要改变航向时，也可以把舵升起来，以减少阻力、提高速度；遇到风浪时，把舵降到最低处，可以减少船体摇晃、降低船随风漂泊的可能性，行驶会更安全。

到了 18 世纪，人们发明了舵轮，也就是那个看起来像方向盘的装置，通过这个"方向盘"带动滑轮来操作后面的舵，就比以前省力多了，而且方向盘位置在甲板上的前方，也方便观察海面的情况。现在很多机械传动类的儿童玩具，都会做成船舵的形状，可见这一装置深入人心。

舵轮要带动链条，把力传导至船尾的舵叶，仍然需要人力。为了更省力，舵轮最开始也做得很大。因为中心半径大，力矩就大，用力就小。不过，即便这样，4 小时一班的操舵也让水手们累得够呛。

随着技术发展，机械传动变成了液压传动，操作舵轮才变得轻松一点。目前的驾驶台都使用了计算机控制的电子传动同步电讯号，舵轮（图 2-16）可以做得比方向盘还小。舵手只需用手指拨动，舵轮就可以转到需要的角度了。而且在宽阔海面时，跟平稳路面一样，是可以自动驾驶的，这大大减轻了航行的困难。

图 2-16　船驾驶台，驾驶台中间就是比车方向盘还小的舵轮

（张志友团队 / 摄）

2.3.2 小小的舵如何操控大大的船？

首先要说一下，虽然随着桨的两种功能分离，慢慢变成调整方向的舵和负责推进的螺旋桨，但它们还是一对好兄弟，经常在一起。

螺旋桨作为推进器的一种，本身也有一些改变方向的功能，如直叶推进器和喷水推进器，还有可调螺距螺旋桨能通过调节桨叶的螺距来改变航向和航速，可以 360° 旋转的吊舱桨甚至可把舵和桨合二为一，根据航行需要来调整推进器的角度，以实现正航、倒航以及战术机动需求。所以，螺旋桨通常也会跟舵放在一起，联合起来方便操纵。

那舵本身是如何调整航行方向的呢？

航行中操纵舵时，它两边的水流就会出现不对称。比如，图 2-17 中，如果舵偏向右，那右边就是迎流面，左边就是背流面。当水流过时，背流面（左边）的流程比迎流面（右边）的流程要长，速度也更快，而流速快就意味着左边的压力更低，这时候两边就会有压力差，这股压力差就会推动船体顺时针转动。

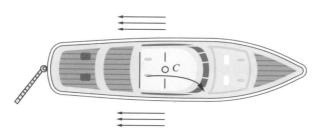

图 2-17　航行中转动舵叶改变航行方向

船的行驶速度越快，舵越灵敏。而静止时舵就比较笨拙了，没办法让船转动。而且航行的时候，只要转舵，就相当于增加了阻力，速度就会减小，所以我们要尽量少动舵、小动舵。

话说回来，驾驶室中那个操纵舵的手柄看起来小小的，那它到底如何影响并操纵万吨巨轮呢？

舵装置（图 2-18）由舵叶、舵机、转舵机构、传动装置、操舵控制系统构成。只有这一整套装置一起工作，才能在规定时间内，将舵转到需要的角度并保证其有效工作。

其中，舵叶通常安装在船尾，使船转动；舵机及转舵机构一般安装在舵机舱内，舵机是动力来源，通过转舵机构将力矩传递给舵杆，从而带动舵叶进行转动；传动装置一般有机械式、液压式及电动式，它通过传递操舵控制系统的信号来驱动舵机；操舵控制系统则由舵手或船长操纵舵轮或者手柄来完成。

图 2-18　船舶完整舵装置图

相对于大船来说，舵叶虽然是小小一片，但由于位于船尾，它与船的重心相距甚远，形成的力矩是相当大的，因此可以很便捷地改变航向。

为了应对一些紧急情况（如船舶主电源失效），船上还会设置备用或应急操舵装置，通常由蓄电池或应急发电机等应急电源供电。这样可以在紧急情况下也能操纵船舶，临时控制船舶航向，确保船舶的航行安全。另外，在满足使用要求的前提下，为了减小水流的力并提高舵的刚度和强度，要尽量减小舵的各部分的外形尺寸和质量。

顺便说一下，不仅水面上的船有舵，潜艇上也有舵（图2-19），而且舵的结构更加复杂。因为潜艇不只是在水面或某一水平面上运动，还要在垂直面内上浮或下潜，而且这两种运动可能会同时进行，所以对舵的要求也更高。在航行中，潜艇不仅要保持，还要能迅速改变航向或深度。

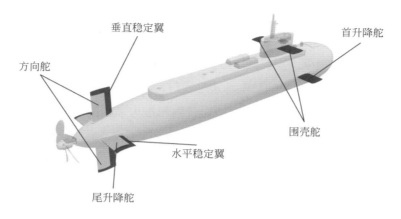

垂直稳定翼

首升降舵

方向舵

围壳舵

水平稳定翼

尾升降舵

图 2-19 潜艇舵示意图

为了控制垂直面内的运动，潜艇上一般都装有两对升降舵：首升降舵和尾升降舵；同时，为增加航行稳定性，尾部也设有水平稳定翼。要操控潜艇在水平面内的运动，则要用到方向舵和垂直稳定翼。方向舵用来改变水平面内的运动方向；垂直稳定翼用于保持水平面内的航向稳定性。当方向舵和首尾升降舵成各种不同的舵角组合时，就能灵活地控制潜艇在水面和水下的运动。

2.3.3 掌舵有多难？

我们判断船好不好开，一般会用稳定性和回转性来衡量。稳定性就是船保持既定航向，做直线运动的能力；回转性是指船由直线航行进入曲线运动的能力。

通俗一点来说，就是船走得直不直，弯拐得顺不顺，能在多大范围内规避碰撞等。

首先，为什么稳定性这么重要？因为在海上的不稳定因素太多了。外界干扰，如风、浪、流等，都会让船偏离航向。这跟车不一样，开车的时候，默认状态就是直走，但船要保持直行向前，需要驾驶者不断地操舵。所以，操舵的频次、角度是衡量稳定性的标准。

航向稳定性好的船，不用经常去操舵，航迹就可以接近直线。而稳定性不好的船，需要不断纠正航向，航线更曲折，实际的航行距离更长。通常，如果平均操舵频率不大于每分钟 4~6 次，平均转舵角不超过 3°~5°，就可以认为船的航向稳定性是符合要求的。

同时，不断操作也增加了操纵装置和推进装置的功率消耗。由于操舵增加的功率消耗，一般占主机功率的 2%~3%，而稳定性不好的船，此处增加的功耗可能高达 20%。

第二个衡量标准"回转性"，则与船的避让、靠离码头、灵活掉头等密切相关。其主要指标是"定常回转直径"，这个指标很重要，甚至曾是衡量船舶操纵性的唯一指标。

我们可以通过图 2-20 来理解定常回转直径的概念。

如果船先以零度舵角做直线航行，然后转到某一舵角，并保持角度不变，那么船的轨迹将会是什么样呢？

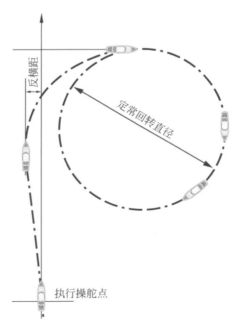

图 2-20　定常回转直径示意图

（这个过程，可以理解成船前行、变向、再画圆）

从图 2-21 可以看到：船重心的轨迹是先保持一段直线，然后发生弯曲，最后为接近圆形，轨迹整体像一个倾斜的大写字母 P。根据运动过程中参数的变化，回转过程分为三个阶段：转舵、过渡和定常回转。这个过程，我们可以简单理解成船前行、变向、再画圆的轨迹。

首先是转舵阶段：以转右舵为例，从开始执行转舵命令，到实现指定舵角为止的这个阶段被称为转舵阶段，通常为 8~15s，航行距离为半个船长。这个时间依赖于船和舵机的功率大小。由于惯性很大，船开始几乎按原方向航行，但阻力增加，航速开始减小。

然后是过渡阶段：随着时间的增长，舵力开始产生作用，但是并不是马上转向右舷，而是向相反方向（左舷）横移。这是为什么呢？

原因可以从船体的受力来理解（图 2-21）：舵力的横向分解力会使船体向转舵的反方向横移，当横移至最大距离时，这一段横移就叫作反横距；同时，横移速度与船前进的速度会叠加，这样船的合速度就指向了左前方，于是漂角出现了（可以理解成你此刻正在前行的方向和船头

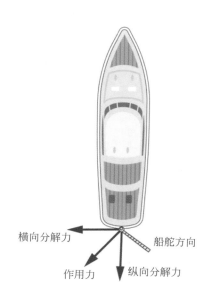

横向分解力　　　　　　船舵方向

作用力　　纵向分解力

图 2-21　舵力的分解示意图

的夹角），如同舵的受力一样，这时船的左右舷也产生了压力差，因此在船体上形成了指向右舷的水动力。由于船体要比舵叶大很多，所以船体上的水动力要远大于舵力，由此，在船体水动力的作用下，反向横移会逐渐转为向转舵一侧的正向横移，而船首一直保持向右回转。

也正是由于这段反横距的存在，所以假如当船上有人在左舷落水后，不要向右舷打舵，因为船很可能会因为反横距向左运动，撞击落水人员造成二次伤害。正确的做法是向落水人员的同一舷方向打满舵，拉开安全的反横距距离，保证人员安全后，快速开展救援。

最后是定常回转阶段：船的受力达到新的平衡，以一定的角速度作匀速回转运动，重心运动轨迹为圆形。船进入到定常阶段后的回转圈的直径，称为定常回转直径（常用字母 D 来表示）。满舵条件下的定常回转直径称为最小回转直径，定常回转直径与船长的比值（D/L）称为相对回转直径。

怎么判断回转性好不好呢？可以根据最小相对回转直径来判断，数值"5"可以说是个分界线，如对于回转性极佳的小型快艇而言，这个值只有 3，而船型细长、掉头困难的驱逐舰则可能达到 10。事实上，大部分船的相对回转直径（图 2-22）的值都在 5.0~7.0。

类型	(D/L)/min
驱逐舰	5.0~7.0
大型货船	5.0~6.5
中型货船	4.0~5.0
小型船	2.0~3.0
大型客货船	5.0~7.0
中型客货船	4.0~5.0
油船	3.5~7.5

图 2-22　各种船舶的相对回转直径

回转可不只是像图中画的那样"掉个头再转一圈"。回转时，船的速度会降低，在小舵角回转时，航速变化不大；但在满舵回转时，因为阻力增大，大大消耗了螺旋桨的推力，船速甚至会减小到回转初速的40%左右。

而且，在回转时还会出现横倾，这是由于船体水动力、舵力、离心力等作用在同一高度而造成的，就像大客车转弯过快时会翻一样，如果横倾角过大，甚至会造成船倾覆。所以，回转时转舵的速度，直接关系到船的安全。船在海上遇到困难需要变向、掉头，或在靠离码头要灵活转身时，都是在这个看似简单的动作基础上来做的，这也是回转性非常重要的原因。

值得注意的是，船的稳定性和回转性还会相互制约，所以在设计舰艇时，应根据其用途和航行区域对操纵性的要求而定。比如，对于近岸航行及反水雷舰艇，由于航向变动频繁，对回转性要求更高；而设计驱护舰时，则需要考虑到它常常以较高的航速保持直航，因此对稳定性要求更高。

在理解了稳定性和回转性之后，也就不难理解"掌舵开船比想象中要难很多"了。大海航行靠舵手，舵手则靠高超的技能和强大的勇气。

2.4　船要储备"粮草"，怎么还要储备浮力？

众所周知，公元前200多年的阿基米德在洗澡时发现了浮力原理。不过，在想明白这一规律之前，人们就懂得借助大自然中的浮性去渡水了。

我国《易经》中有一句卦辞是："包荒，用冯河"，意思就是"抱着空心葫芦去渡河"。这种用来渡水的浮具，后来迭代出浮力更大的版本：把很多葫芦用绳子绑在一起，可以捆在背上或扎在腰间，也被称为"腰舟"。后来人们开始饲养牲畜，有些地区的人会用兽皮充气后制成皮质的浮具。

从物理学的角度看，一艘万吨的钢铁巨轮浮在海上，和古人抱着葫芦浮在水面本质上并无不同。

不过，钢铁毕竟是钢铁，密度远大于水的钢铁巨轮具体是如何做到稳定地浮在海面，以及在什么情况下这种稳定状态会被打破呢？

2.4.1　船是怎么浮起来的？

船要航行，首先要能稳定地浮在水面或水上。浮性，就是指在一定的装载情况下，船浮于一定水面或者水中位置的能力。如果浮性不足，船就会下沉，甚至沉没。

和水中的任何物体一样，当船漂浮在静止水面时会受到两种力的作用：一个是重力，另一个是浮力。

先看重力。在这里，重力大小不仅仅是船体本身的重量，还包括机电设备、武器装备、弹药、人员以及各种载荷的重量，这些重量形成一个垂直向下的合力，重心的位置则取决于全船重量的分布情况。

接着就是水作用于船体的浮力。一张钢板会沉入水底，但钢板制成的船舶为什么能漂浮于水面？因为它是一个中空而水密（指在一定的水压作用下，船体内部保持不透水的密闭性能）的壳体，能排开相当数量的水而获得很大的浮力。

浮力是竖直向上的，作用点通过船的浮心。浮力是怎么产生的呢？如图 2-23 所示，浸在水中的船体表面上每一部分都受到水的压力，这些压力都和船体表面垂直，力的大小则和水的深度成正比。无论物体或船体是什么形状，从水平方向来看，来自水的压力都是互相抵消的；而从垂直方向来看，则会形成一个垂直向上的合力，这个合力就是船受到的浮力。

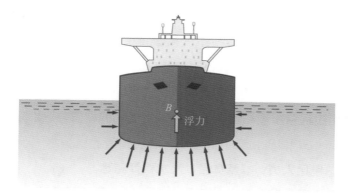

图2-23 根据牛顿第三定律，舰船的平衡条件包括：一是重力与浮力的大小相等，方向相反；二是重心与浮心在同一铅垂线上

所以，当船舶静止漂浮在水面一定位置时，它就处于平衡状态，此时，重力就和浮力大小相等，方向相反。

2.4.2 排水量是个什么量？

行业内的人在交流一艘船时，往往会说有多少吨，比如"30万吨大型油轮""10万吨级核动力航母""万吨大驱""千吨级远洋渔船"等。这些吨位，指的就是船的排水量，因为排开水的重量也就是船受到的浮力，所以，排水量也可以理解成船本身的重量吨位。

即使是万吨级别的巨轮，要计算排水量也脱不开这个简单的物理公式：$\Delta=\rho V$。其中，V 指船排开水的体积；ρ 指水的密度，淡水密度为 1000kg/m³，海水密度为 1025kg/m³；计算的结果 Δ 就是船的排水量，也就是"船的吨位"。

不过，在实际使用过程中，船的载重量往往会发生变化，特别是在装卸时体现最为明显。当载重减少时，船的重力小于浮力，船舶就会上浮一些，排水体积减小，这个过程中浮力减小，而当浮力减小到与重力相等时，又会达到新的平衡；反之亦然。所以，货船和军舰在装卸货物或装备的过程中，船也会随着排水量的变化而浮浮沉沉。

　　船的载重基本上分两类：不变重量（A）和可变重量（B）。其中，不变重量是船在使用过程中，重量和重心位置固定不变的载重，如船体、武器装备、动力装置、各种装置设备和固定压载，等等。而可变重量就是指在使用过程中重量和重心位置会发生变化的载重，这部分载重可以分为两类——B_1 和 B_2，其中，燃油、滑油和备用锅炉水属于 B_2，余下的都是 B_1，包括人员，以及食品、淡水和弹药等。

　　随着可变重量装载情况的不同，船的排水量（图 2-24）又可以分为：空载排水量、标准排水量、正常排水量、满载排水量和最大排水量。

图 2-24　船舶排水量示意图

　　其中，空载排水量是指舰船装备齐全，但没有可变重量时的排水量，这是舰艇建造之后可能达到的最轻装载状况，也就是说，只有完整的船和装备。

　　标准排水量是指空载排水量加上全额的 B_1，但不包括 B_2，相当于舰艇上燃油、滑油和备用锅炉水全部消耗完时的装载状况。这时候，人可以在船上正常生活，但船没法开走。

　　正常排水量在标准排水量基础上再加一半的 B_2，这也是我们习惯上所指的舰船排水量，通常作为舰艇设计时的指标。

　　满载排水量是指空载排水量加上百分百可变载重时的排水量，这是一般情况下舰艇出航时的装载状况，装满了人员、食品、淡水和弹药，以及满满的燃油和锅炉水。

最大排水量指舰艇满载状态下，再加上超额的燃油、滑油、锅炉水、弹药以及超编的人员、粮食、淡水等，这也是舰艇可能达到的最大的装载情况。

2.4.3 浮力还要储备?

当你近距离观看的话，你会看到船体上有一道刻度尺似的标记，那就是船的吃水线。在预期的设计中，当船自由地浮在静水上时，船体表面和水面的交线对应的刻度，就是此时船体浸在水中的深度。

通过吃水线（图2-25）也可以查看船的装载状态。船上的载重越多，吃水线也就越深，如果超过了一定的刻度，可能意味着"船需要卸掉一些载重"。

图2-25 船上的吃水线

（张志友团队/摄）

吃水线是怎么来的？扫码看一段吃水线的小历史

为了保证航行安全，水线上会有个安全刻度，只要保证水面在这个安全刻度以下，就意味着排水量足够，浮力"达标"。

但仅仅达标还不够，还需要多留出一些份额。所以，水线之上的空间也会设计成不透、不进水的封闭空间，作为船的水密体积，必要时产生储备浮力。2017 年，美国军舰"菲茨杰拉德"号与民船相撞，舰体受损严重，舱底进水，但船并没有沉，就是因为舱底上方还有一些水密空间，可以产生储备浮力。

保证规定的储备浮力，也是保证船浮性的主要措施。船舶的储备浮力通常用"干舷"表示，也就是船舶中部由满载吃水线到甲板上缘的垂直距离，干舷越大，储备浮力就越大。

"干舷"具体在船上哪一块？欢迎扫码看视频

储备浮力的大小通常以正常排水量的百分数来表示。水面战斗舰艇从作战的安全性的角度考虑，一般都会预留出自身排水量一倍的储备浮力，具体数值随舰种而不同。例如，驱逐舰通常储备浮力为 100% ~150%，巡洋舰为 80% ~130%，潜艇则相对较小，一般为 16% ~50%。

与军舰相比，民船的储备浮力较小，其数值根据船舶的类型、航海区域以及载运货物的种类而定，内河驳船的储备浮力为 10% ~15%，海船为 20% ~50%。

储备浮力有多重要呢？要知道，很多海上沉船事故源自船舶超载，就是因为，超载除了会降低船舶的操纵性，还会使得干舷降低，储备浮力减少。所以，作为船舶预留的抵抗外界不利条件的水密空间，储备浮力十分重要。

要保证航行的安全，方方面面都要做到储备的保障，不管是看得见的"粮草"，还是看不见的"浮力"。

2.5　在风浪中倾斜行驶，船是怎么做到不翻的？

水能载舟，亦能覆舟。因为有水的浮力，各类船舶才能航行在广袤的海洋上；但是，这并不意味着万事大吉。

毕竟，海洋环境复杂多变，风浪、浓雾、夜暗、水下的暗礁、漂浮的冰山或往来的船舶，这些对航行来说都是潜在的危险。

要说船在海面上面临的最大威胁，大概是风浪。海洋中的浪高可达10m 以上，波浪的冲击力可达每平方米 20~30t，也就是说，每平方米的船体上相当于负重 20~30t，相当于几辆卡车咣咣砸过来，这种力量能轻而易举地把 10 多吨重的物体抛起 20 多米高。在这样的状况中，船自然是危机重重。

不过，有时我们也会看到这样的网络视频：一艘船在风浪中行驶，倾斜摇摆的幅度让人本能地担心"船是不是要翻了"，但最后有惊无险……

那么，那些看起来倾斜行驶、摇摆幅度大到令人担心的船，是怎么做到不翻的？

2.5.1　船为什么会翻？因为稳性不足

我们先来回顾两起事故。

2014 年 4 月 16 日，载有 476 名乘员的韩国"世越"号客轮在韩国西南部海域发生事故，客轮于 7 时 55 分开始出现向左倾斜的现象，一个半小时以后，90% 的船体就沉入海面以下，事故导致了 300 多人遇难。

2015 年 6 月 1 日，载有 456 名乘员的中国"东方之星"号游轮在长江湖北监利段航行时，突遇龙卷风而翻沉，整个翻沉事故发生的过程历时不到 5min，事故导致了 400 多人遇难。

仔细分析这两起事故，会发现它们有三个共同之处：一是事故发生的过程短，二是事故导致的人员遇难比例极大，三是事故原因都是船受到外力干扰，向一侧倾斜然后迅速翻沉，而不是由于船体破损进水导致的浮力损失而逐渐沉没——这种情况属于"倾覆"，原因往往是船的稳性不足。

稳性，或者说稳定性，是个宽泛的概念。假设有一个处于平衡状态的系统在外力作用下偏离了原来的平衡状态，而当外力消失后，如果它能自行回到原来的平衡状态，那我们就可以说，这个系统的平衡状态是稳定的。

具体到船的稳定性，可以这样理解：当船静止漂浮在水面时，同时受到重力和浮力的作用，它们大小相等而方向相反，重心和浮心在同一条铅垂线上，此时船所处的状态就是一个平衡状态。

当遭受外力时，如风、浪、流等的干扰，或是装载变动的影响，船会偏离最初的平衡状态，可能会发生倾斜，而如果外力消失，船能自行回到之前的平衡，那么原来的平衡状态就是稳定的；反之，如果船进一步倾斜甚至倾覆，那就说明是不稳定的。

总的来说，船的稳定性表现为两方面：在外力作用下，浮体发生倾斜而不致倾覆；当外力作用消失后，能恢复到原来的平衡位置——要同时满足这两点，船就是稳定的，否则就是不稳定，或随遇平衡的（就是可以停留在任何倾斜角状态）。

2.5.2　船为何能摇而不倒，倒而不回正？

接下来我们再看看，航行中船的稳性变化。

即使船的重量基本不变，但由于波浪导致的晃动，船排出的水的体积和形状都会不断变化，这就会造成重力和浮力不相等，重心和浮心不在同一直线上。这种平衡被打破时，船就会处于摇摆运动中，不停地上浮、下沉和倾斜。其实，这也是船在波浪中的一种动态平衡，航行在海洋上的船大都处于这样的状态。

在摇摆过程中，船的稳性也不断变化。我们可以根据偏离平衡位置的大小不同，把稳性分为：小角稳性和大角稳性。小角稳性也叫初稳性，只适用于倾角不大于 15° 的情况，而当倾角大于 20° 甚至到了 90° 时，船的复原能力则是大角稳性的研究范围。

不过，在实际航行时，大部分时候船的倾角都不超过 15°，也就是说大部分时候不必考虑大角稳性，因此往往只需要知道小角稳性，也就是初稳性就够了。

这里有一个小问题，既然大多数时候，船的倾角都不会超过 15°，也就是只要考虑初稳性——那么，是不是初稳性越高，就越好呢？也不是。初稳性过大的船，船恢复平衡能力强，摇摆周期短，遇到风浪时，虽然船摇摆幅度变小了，但摇晃速度却变快，人在船上可能更容易感到晕船。

我们知道，物体之所以会运动，是因为受力。要去分析船的稳性，受到风浪外力时稳不稳，也要从分析船的受力开始（图 2-26）。

平衡位置		大小	作用点	方向
平衡位置	重力	P	G	垂直于水面向下
	浮力	$\rho g V$	B	垂直于水面向上

图 2-26　船舶受力分析

船在海上时，受力很简单，理论上就是两个力：一个是地球给的重力，垂直于水面向下；另一个是海水给的浮力，垂直于水面向上。重力的作用点是重心（G），浮力的作用点是浮心（B），就是排水体积的形状中心。

如图 2-27 所示，假定船重力的大小为 P，作用点是重心 G；浮力的大小为 $\rho g V$（海水密度 × 重力加速度 × 排水体积），作用点是浮心 B。

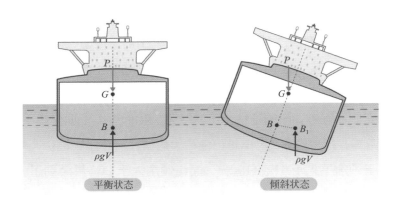

图 2-27　船舶受力图

船处于平衡状态时，意味着此时重力和浮力大小相等，方向相反，作用点在同一条力的作用线上。

而当船受到外力干扰倾斜，船的重力大小不变（载重没有变化），但因为倾斜了，所以重心位置变了，又因为重力大小不变，那么浮力大小也不变。

在原来的平衡状态下，排水体积是一个左右对称的形状，现在发生了倾斜，体积大小不变，但形状变得不规则了，所以浮心也变了。

图 2-27 中，船向右倾斜，其排水体积是左边减少，右边增加，浮心必然会向右移动，也就是说，浮心位置从原来的 B 移动到了 B_1，浮力的作用方向垂直于倾斜水面向上。

船会朝什么方向移动，可以说就取决于浮力和重力的关系。如图 2-28 所示，浮力的作用线与船体对称面有一个交点 M，现在这个交点 M 在重心 G 之上，此时重力和浮力形成了一个使船向左倾斜，回到原来平衡位置的力矩。

当 M 在 G 之上时，也就是一个稳定平衡位置。

当 M 在 G 之下时，也就是重力和浮力所形成的力矩使舰船向右发生更大程度的倾斜，那么说明舰船原平衡位置是不稳定的。

当 M 与 G 等高时，船在该倾斜状态下，自身达到了重力和浮力的

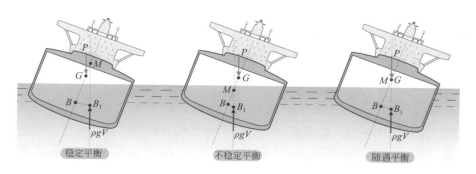

图 2-28　船舶倾斜后平衡状态的受力情况

平衡，没有产生使舰船倾斜状态变化的力矩，此情况称为随遇平衡（停留在任何倾角的状态），可见，船的原平衡位置的稳性取决于 M 与 G 的相对位置。

M 这个点很重要，它影响船舶稳不稳，因此叫作稳心，船平衡位置稳定的条件可以归纳为：稳心在重心之上。

2.5.3　怎么提高船的稳性？

从"世越"号和"东方之星"号倾覆的事件可以看出，船的稳性非常重要，稳性不足往往会造成重大的安全事故。

为了提高船的稳性，在设计阶段就应该充分考虑到这些主要影响因素，包括船体的主尺度、舰型、排水量大小、重心位置的高低等。同时，还要考虑到一些特殊的情况变化。比如，在船航行的过程中，当有载荷增减时，油水的满载和消耗、舱室破损进水、甲板上浪、上层建筑和船舷结冰等因素，船的稳性都会改变。

为了使船具有良好的稳性，必须从降低重心、提高稳心等各个方面着手。从设计的角度上看，可以做到以下几点。

第一，降低重心高度，这是改善稳性的根本措施。

在舰船设计中，有一项基本的工作就是重心高度的控制。为了降低舰船的重心，都是将质量大的设备布置在比较低的位置。现在，对舰船综合作战能力的要求越来越高，大量新技术作战装备列装上线，如口径更大且威力更强的舰载火炮，更先进的反舰武器、激光武器等，为了发挥这些装备的作用，往往将其设置在比较高的位置，使得舰船的重心高度增加。

在这种情况下，有些新造的舰船，为了降低舰船的重心高度而保证舰船的稳性，不得不在舰船的底舱增加大质量的压铁，在使用过程中，也常常在某一些空舱灌注压载水来降低重心的高度。

第二，提高稳心的高度，增加船宽是最有效的提高稳心高度的方法。在舰船设计的过程中，船宽在很大程度上取决于舰船对稳性的要求。从我国的第一代驱逐舰 051 型到 052 型、052B 型、052C 型、052D 型，再到最新下水的 055 型，它们的长宽比一直在减小，这种变化增强了舰船的稳性。

而在使用过程中，为了保障舰船的稳定性，还需要注意以下几点。

第一，保持良好的漂浮状态。初始的横倾，对稳性不利，无论在移动或增减载荷时，一定要保持舰船的一个正浮状态。因为不良的舰船漂浮状态，不仅降低舰船的稳性，还会增大舰船的航行阻力。

第二，必须合理装载。装卸载荷的好坏，直接影响到舰船的浮态和稳性。如果载荷装得杂乱无章，大部分放在上甲板，而舰船的首尾超载，中部没有载荷，将会破坏稳性，削弱舰体的结构强度。在航行和战斗中，特别是遭受破损以后，舰船可能会处于危急状态。

第三，按规定的顺序使用油水，随时吸干舱底的积水，灭火时随时注意消除甲板上的积水，以免出现大量自由流动的液面和不利的浮态。"二战"时期，法国"诺曼底"（Normandie）号邮轮在码头停靠时起火，用水灭火之后没有及时消除甲板上的大面积积水，导致该邮轮丧失稳度而倾覆。

第四，在大风浪中航行，要固定好一切可以移动的载荷。

第五，选择合适的航向和航速，减小由风和浪作用引起的倾斜力矩。这就要考验船长的技术了，要根据实际情况，如风和浪的大小和方向、船的装载情况来选择恰当的航向和航速。

"浪再高，也在船底；山再高，也在脚底。"为了让我们的船能经受住海洋的狂风骤浪，不仅需要我们的意志力，更需要扎扎实实地从技术上去改进和突破。图 2-29 是正在进行实训的某护卫舰支队。

图 2-29　载荷分布均匀，更有利于提升舰船的浮态和稳性。图为正在进行实训的某护卫舰支队

（图片来源：南海舰队）

在层层努力中，"提高稳性"无疑具有物理和象征意味的双重重要性。乘稳船，掌稳舵，再扬帆，惟有稳，方能更有底气地向远而航，不管是船，还是人类本身。

2.6　未来开船都怎么开？嗯……可能不用人开

早先，航海被视作一种冒险行为。极少有船主敢冒险到望不见陆地的海洋上去，因为在技术落后的时代，航海是可怕的，出海几乎意味着送死。

随着技术发展，人类在海中走得越来越远。航行在海洋中的船就像人们驾驭的一只只钢铁巨兽，被人们按照自己的需求制造出来，然后保护着人类。随着技术发展，这些巨兽也变得越来越庞大、专业并且聪明。

比方说，在 20 世纪 50 年代，1 万载重吨的船就被称作"万吨巨轮"，而到 2000 年的时候，世界上拥有 10 万载重吨的超大型油轮就有数百艘。现在，最大的散货船可以载重 60 万吨，这是个什么概念呢？举个例子，一艘载重 40 万吨散货船的甲板面积就超过 2.4 万平方米，相当于三个半足球场。

不仅体积大，船的专业性也越来越高。之前的运输船，主要是客船和货船。近 20 年来，大型油轮、超级集装箱船、各式各样的滚装船、安全可靠的液化气船等专业化特种船舶像雨后春笋般地迅速生长，就连运送牛羊也有专门的牲畜运输船。

至于变得越来越"聪明"，船能有多聪明呢，未来的船要怎么开？

……嗯，可能不用人开。

2.6.1　现在有"不用人开"的船吗？

其实，现在的船，已经可以实现一部分"不用人开"。如果出海的时候在驾驶室待一阵子，你就会发现，驾驶员并不需要一直手把着舵轮，而是由着船自动行进。

从 20 世纪 80 年代起，微型计算机就开始在船上广泛使用。从船舶自动舵、船舶机舱设置集中控制室，到无人值班机舱和驾驶台对主机遥控遥测，机舱渐渐实现了自动化。

近 10 年来，建造的新型船舶基本上都可称之为自动化船舶，其中一部分自动化程度高的船舶被称为"高自动化船舶"，船舶自动化也从机舱自动化走向了驾驶自动化时代。

这种自动化的改进是方方面面的，而且随着技术进步不断迭进。

比如，过去在雾天、雪天或大雨天这种能见度低的天气，开船的时候，驾驶员就如同高度近视甚至是盲人开船，很容易酿成悲剧，后来即使有了船用雷达应用于海上避碰，最初也会因船员对雷达提供的信息处理和运用不当造成船舶碰撞。后来，有了自动雷达标绘装置（APPA）和雷达结合形成的自动避碰系统，可以用图像的方式自动显示相遇船舶运动矢量线、可能碰撞点等信息。再后来，数据和图像处理技术进一步发展，有了船舶自动识别系统（AIS），可以连续与其他船舶交流船舶数据，包括船名、船舶种类、尺度、装载情况、航行状态和航行计划等，这大大减少了碰撞事故，使驾驶员实现了从"近视眼"到"千里眼"的跨越进步。

再比如，过去开船需要看大量海图，有时大副一晚上就要处理上百张海图，现在，有电子海图显示与信息系统（ECDIS），不但可以显示海图，还有计划航线设计、航路监视、危险事件报警、航行记录、海图自动改正等多种功能，把航海者从海量的纸质海图中拯救出来。

这些功能的迭进，背后是技术革命和商业化的双重推动，船舶自动化使船舶定员差不多减半，也降低了营运成本。

2.6.2　现在有可能做到"完全无人"吗？

那么，船上的人员越来越少，有可能减少到 0，也就是"完全无人"的状态吗？

目前还很难。

比起无人船，我们更熟悉的可能是"无人驾驶"。其实，对于无人船和无人车这些无人装备来说，背后的自动性等级评定有一套共通的标准，从 L0 到 L5 层层递进，分别是 L0（纯人工驾驶）、L1（驾驶自动化）、L2（辅助驾驶）、L3（自动辅助驾驶）、L4（自动驾驶）和 L5（无人驾驶）。

在目前的技术条件下，要做到完全无人还是很难的。比如，现在的自动驾驶，一般也就做到 L2 或 L3。前面提到的"行驶中可以不用一直握住方向盘"的自动驾驶，也就相当于做到了 L2（辅助驾驶）。

理想中的无人船，或者说，最高等级自主水平的船大概是这样：只要告诉它去执行什么任务，船就可以自动规划航线并沿着这条航线航行，到达任务点后自行采集数据、进行分析并决策；如果是军用的话，看到某个特定目标就发射导弹或使用其他武器去摧毁，或者如果自己被俘获了还可以自毁，整个过程都是全自主的，但这只是这种理想状态，现在还无法达到。

这背后，其实是一个"控制"的问题。比方说，现在，一些小型的无人船上，会有一个控制系统，根据想要的航向和航速，结合环境的状态（如风、浪、流现在是怎样的），来决定电机的转速、舵要打多少度以及船以什么样的姿态航行。

现在大多数的情况是：船有一定的自主性，而人可以监控它。比如，在岸端系统给它划定一条航线，通过通信传输"告诉"船怎么走，或者直接给它设置好起点和终点，船就可以根据海图信息自动规划路径。不过，现在还是前者居多。

2.6.3 现在无人船发展到什么程度了，难点在哪？

除了控制系统的改进提升，要实现真正的无人船，还有一个很关键的问题需要解决，那就是——能源。

其实，无人船的航行时间还挺长的，因为不用上人，可以有大量空间装载能源，航行个四五百海里没有问题。但如果想航行得更久，就要动更多脑筋了。比如，美国有一个叫"探险者"号的无人帆船，可以放到海上待一年，这个过程中，它能跟卫星通信，告知自己航行到了哪里、探测到了什么东西，它利用的就是风能。

再比如，现在无人船研究领域也在研究这样一件事：在海上放置各种基站，供电船充电，就像扫地机器人扫完就可以回去充电那样。

但这里面又涉及方方面面的技术，如自动靠泊。如果是小船，让它回基站充电的话，可以拿遥控器直接操纵，但大一点的船就不容易了，这就需要让船根据摄像头提供的信息，识别自己和码头之间的距离并调整姿态，同时做出精细的策略规划，如是船尾先靠岸还是船头先靠岸，这都是需要机器来做的事情。

其实，不管无人船也好，无人车也好，研发无人装备本质就是为了"让机器帮人做一些机器可以做的事情"。特别是一些危险的工作。比如，过去承担巨大风险的扫雷艇，现在就可以做成遥控的无人艇。

研发无人装备，让机器帮助人做事情，归根到底，是为了给人带来福祉。只是过程中，需要解决很多枝枝蔓蔓的技术问题，也要面临很多不断涌出的新问题，如涉及人工智能的伦理问题。

不过，好在时间一直向前，前路漫长，未来可期。也许，当你翻开这一页时，上面的问题有的已不是问题，更大更智慧的无人船也已经出现了。

第 3 章
谨小慎微的航行

在茫茫大海上航行，船舶与我们常处于孤立无援的场景，这是与大自然真正的"短兵相接"，没有遮挡物的庇护，凡事只能多靠自己。

我们航行时要谨小慎微、防患未然，并保持临危不乱，方能驶得万年船，从而前往更深远的世界。

3.1 茫茫大海上，船如何确定自己的位置？

常言道："要找准你的位置。"

在浩渺的大海上要确定自己的位置，是每一个航海者必须面对的挑战。因为，白天放眼望去是一片无尽的蓝，天水一色，分不清何处是海的尽头，何处是天的开始（图3-1）；而到了晚上，四周又成了黑漆漆的一片。

图 3-1 航海途中，看到的海面是茫茫一片

（张志友团队／摄）

那么，在这种情况下，人或船要如何确定自己的位置呢？

简单来说，确定自己的位置有两种方式：靠自己记和算；靠与其他物体的相对位置来计算。

在海上航行也是一样，我们把这两种方式叫作航迹推算和观测定位。

3.1.1 如何进行航迹推算？

不借助外界的力量，从自己的起点开始推算此后的航行轨迹和位置，就是航迹推算。就相当于你在跑步时根据出发的位置，按照跑步的方向和速度，估算出 10min 后、1h 后你将到达的地方，以及画出跑完之后的整体路线。

在船上，我们会使用各种工具，如罗经（提供方向基准的仪器）、惯性导航系统（可提供船只的速度、方向、位置等信息）或计程仪所指示的航向、航程，再结合具体海区的风和海流等资料来进行航迹推算。

以计程仪为例，它可以测量船舶的航速，包括前进、后退、横移速度，还可以获得累计航程，看看船走了多远。这些数据对于船舶的操控和安全行驶都至关重要。

而现在发展最快也最为便捷的当属惯性导航系统，它可以直接提供航速、航向、船舶位置等各种信息。

具体是什么原理呢？

惯性导航系统里，主要靠其中的"惯性器件"，也就是加速度计和陀螺仪大显身手。它们分别测量船舶运动的加速度和角速度，能够不断记录船舶的运动状态，包括位置、速度、姿态和时间等信息。惯导系统利用初始位置和姿态信息，然后一步步地把这些运动计算进去，就能够获得最终的位置。惯导系统不需要接收外界信号，每时每刻不断自主计算，可以全天候实时获得多种信息。

不管用什么工具，有一点是共通的：为了保证结果的准确性，推算的起始点必须是准确的，这是后续推算的基础，正所谓"基础不牢，地动山摇"。而且在整个航行过程中，航迹推算应该是连续不断的，不能无故中断，直到抵达目的地或接近港界，可以通过观测到物标来进行导航时，方可停止。

航迹推算最大的问题是很难长时间地保证推算舰位的精度。

首先，船的航行轨迹不一定都很流畅，绘制是有难度的。

其次，海上航行不可避免地受到风、海流等各种因素的影响，方向和速度会不断变化，需要及时观测修正风和海流对舰船产生的误差，来提高定位精度。

最后，推算过程中，误差是不断积累的，推算时间越长，误差越大，定位精度就越差。就像一块时间不准的手表，一天还勉强可以用用，但一年后那差得就实在是太远了。

不可否认的是，航迹推算由于具备计算较为简便、实时、快速等优点，目前依然是舰船导航的基本航行定位方法之一，是舰船辨认目标和分析判断航行安全的主要依据之一。这也是最简单方便的"掐指一算"就可以知道自己在海上位置的方法。

3.1.2　如何观测定位？

观测定位是利用外界物标和自己的相对关系，来获得船舶位置的方法。就好比在陆地上，如果别人给你打电话问你在哪里，你会告诉他在某幢楼前、某个地铁口边上。这就是利用已知的楼、地铁站的位置，再根据相对关系"前""边"等，从而获知自己的位置。

在离岸不太远的海域航行时，也一样可以用已知的陆上物标来进行定位。你可以找一找海图上标有确切位置的显著物标，如灯塔、山头、岛屿、立标等，然后通过六分仪（测定角度然后转化成距离）、罗经加方位仪（测定物标方位）等对物标进行观测，获得相对位置。

如图 3-2 所示，用罗经加方位仪观测到附近灯塔（A 点）的方位是

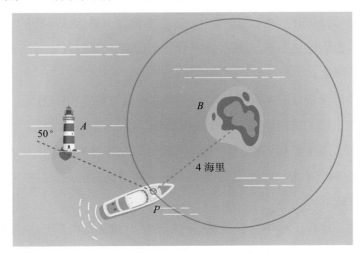

图 3-2　陆标定位原理示意图

50°，使用六分仪观测岛屿（B 点）的距离是 4 海里。那么，在海图上过灯塔画一条方位 50° 的射线；以岛屿为中心，4 海里为半径画圆，那么射线和圆的交叉点（P）就是你的位置了。

一般情况下，根据单一陆标的一次观测，只能得到一条船位线（船舶位置可能在这个线的某个点上），这样是无法确定船的具体位置的。只有得到两条或两条以上的线，得到它们的交点，才能获取船舶位置。

事实上，无论是天文导航、地文导航还是卫星导航，本质上都是通过观测一个已知位置的物体，然后通过观测得到和该物体相对关系，从而来确定位置的。

天文导航是利用六分仪，观测已知位置的天体高度角获得相对位置关系；地文导航是利用六分仪、方位仪等，观测已知位置的灯塔、山头等距离或方位获得相对位置关系；而卫星导航则是利用接收机，观测几颗已知位置卫星的距离获得相对位置关系。

这些方法，说白了，就是利用已知来获取未知。这听起来容易，但是各种方法其实内涵丰富。

接下来，我们看一看这些方式的实际原理。

3.2 陆地上靠导航开车，海上也能靠导航开船吗？

生在这个时代的路盲是幸运的，有各种导航软件带你在复杂的城市里穿梭。那开船呢？航海也能依靠导航吗？

当然能。

事实上，导航的英文 navigation，源自拉丁文 navigare（navis 表示船，agere 表示指引），原意就是"引导船舶航行"。在现代，这种引导是指利用工具确定地球的经度和纬度，从而确定船只的航线。

人类从新石器时代晚期就开始导航了。我们需要知道方向，只有知道目的地在哪里，才能把握自己的命运。商业的利益和征服的欲望，推动了人类文明，也一直是导航技术发展的原动力。

不夸张地说，导航发展史就是人类文明发展史的真实写照。

3.2.1　地文导航：地上灯塔在召唤

在古代，人们往往选择沿着岸边航行，除了船只补给和安全的考虑，还有重要的一点就是，可以通过山头、岛屿、海岸、特殊物标等陆标测算及航迹推算推断来获取自身船位。

一直到中世纪鼎盛时期，地中海地区的商船大多还是沿岸航行。来自西北欧的商船在通过直布罗陀海峡（位于西班牙最南部和非洲西北部之间）后，不会向东直航，而是在地中海沿岸的西班牙、法国、意大利等地海岸迂回航行。

那时候，如果在海上看不到陆地，尤其是天气情况不好的时候，人们很难确定船位及方向。迪亚士、达·伽马等航海家在探索新航路时也往往选择沿着岸边航行以保证船队安全并相对准确地记录航线。这种通过观测陆地标识来进行定位导航的技术被称为地文导航，也叫陆标定位，是一种古老而非常有效的导航技术。

地文导航技术运用的标志——灯塔很早就已出现。早在公元前280年的埃及亚历山大港就已建造了高达100多米的灯塔。明代茅元仪所著《武备志》记载的《郑和航海图》，自南京绘图，直至东非沿岸，航图遍及广大西太平洋与印度洋海岸地区，记载了500多个地名，并绘有航路、各处星位高低以及航行途中的山峰、岛屿、浅滩、礁岩、险峡，这显示了明代利用地理物标辅助船舶导航技术已经相当成熟。

陆标定位是中国航海历史中的明灯，是山，是塔，是航行在茫茫大海中的希望。古时候，海岸边的高山名塔，除了是城市的地标，也为海上船只设立了明显的导航标志。

3.2.2 天文导航：星星指引方向

要驶向遥远广阔的海洋，就必须离开陆地。茫茫大海中，在没有参照物的情况下，怎么知道自己身在何处？

陆地上没有可以观测的，就可以看看天上的天体。日月星辰这些天体虽然随时都在运行，但它们都有客观规律可循，自公元前 1800 年的古巴比伦星表开始，不断发展至此，我们已经可以掌握大部分天体在天球上的运动规律和所处位置。我们可以根据自己相对于天体的位置推算出自己所在何处。水手出身的英国诗人约翰·梅斯菲尔德（John Masefield）曾写下这样的诗句："我必须再次回到大海，回到那孤寂的水天一方，我想乘上一艘高大的航船，让星星为我指引方向。"

中国是世界上天文学发展最早的国家之一，很早之前，我们的祖先就懂得用天体来导航了。

公元前 100 年，《淮南子·齐俗训》记载："夫乘舟而惑者，不知东西，见斗极则寤矣。"斗就是北斗星，也就是在海上迷路的时候，看看北斗星就知道方向了。公元 400 年前后，东晋僧人法显在《佛国记》中写道："大海弥漫无边，不识东西，唯望日月星宿而进。"

到了公元 1000 年前后，宋代朱彧在《萍洲可谈》中写道："舟师识地理，夜则观星，昼则观日，阴晦观指南针。"可见，在靠观星知方向的 1000 多年后，人们在阴天用上了指南针。这也是世界航海史上最早使用指南针的记载，说明当时中国的航海技术站在了世界的最前列。

明代，郑和使用"过洋牵星术"七下西洋，使用牵星板来对照测量北极星等天体高度来确定位置，这是把肉眼观星技术化，也造就了世界航海史上的伟大壮举，是我国航海技术发展的巅峰时期之一。

明朝后期到清朝，受到腐败政府闭关自守、"严厉海禁"的限制，我国的航海事业一蹶不振，逐渐退出了世界航海舞台。不过，放眼世界范围，由于 15 世纪欧洲资本主义的兴起，航海事业也应运而兴，天文航海在西方得到进一步的发展。

1759年，英国钟表匠哈里森（John Harrison）制成第四代航海天文钟，成功地解决了海上经度的测量问题。1837年，美国船长萨姆纳（Thomas Sumner）在航海实践中提出了天文舰位圆（测出某具体天体的天顶距，以星下点为圆心，天顶距为半径的圆叫作天文舰位圆）的概念，1875年，法国航海家圣西勒（St. Hilaire）提出"高度差法"，从而实现通过观测天体，同时计算出观测者经纬度，天文定位进一步得到了广泛的应用。

用于观测天体高度角的仪器很多，也经历过漫长的发展，诸如郑和船队的"牵星板"，阿拉伯人15世纪前后所使用的"拉线板"，等等。这些由不同民族在不同时期发明的仪器，都显示了航海先行者们的不懈探索与高度智慧。

后来，测量天体的设备又发展为精度更高的八分仪，以及后期的六分仪。现在，六分仪是每艘船上必备的航海仪器（图3-3）。

天文航海定位的手段有很多种，如观测太阳上中天高度测纬度、两次观测太阳获取经纬度、同时观测多颗星获取经纬度等，另外位于北半球可以观测北极星获取纬度。

图3-3　本书作者张志友（左）在船上为学员讲解六分仪使用方法

每种定位手段的原理有所不同。

比如说，如何在北半球观测北极星获得我们所处的纬度？

你可以想象一下：当你站在地球上抬头看天，把地球以外的视野部分无限拓展，形成一个无限大的大球，然后将所有天体投影到大球上。

如图 3-4 所示，这时，你所站的地球就变成了大球中心的一个小点，而北极星就在天上的北极点。这时，你、你头顶的正上方和北极点会形成一个夹角 A，而北极星的高度角（测量者地面和北极星所夹的角度）和 A 相加为 90°，观测者的纬度（测量者头顶和赤道面所夹的角度）和 A 相加也是 90°，所以北极星的高度和观测者的纬度相同，因此只要得到北极星的高度角便可获知纬度。

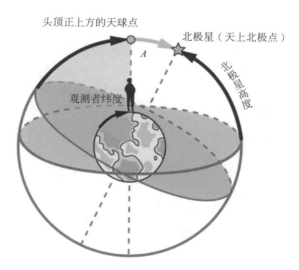

图 3-4　观测北极星获知纬度原理示意图

测量经度的方法就比较容易了：地球一圈 360° 对应 24 小时，那么平均 1 小时就对应 15°。所以，当船出发时，携带一台显示 0° 经线（本初子午线）时间的天文钟，每当船到达一个新地方，当地太阳上到最高点的真太阳时都应是 12 点，假设此时天文钟的时间显示的却是 11 点，那么当地与 0° 经线的时间相差一小时，经度差就是 15°，东边的太阳先升起，所以当地比 0° 经线更偏东，从而获知所在地经度为东经 15°。

相较于分别获取经度和纬度，直接观测多个天体获取经纬度要更直接些：简单说，就是利用已知的天体的位置来确定未知的地球上观测者的位置。

如图 3-5 所示，因为我们已经掌握大部分天体在不同时间点在天球上所处的位置，可以使用六分仪等测角仪器对天体的高度角进行观测，从而建立起地球上测者和天体间的位置关系，最后以观测天体为中心，以观测数据为半径，在天球上画一个圆，只需观测两颗星、三颗星就可以获得两个圆、三个圆，它们的交点在地球上的投影就是观测者在地球上所处的位置。

图 3-5　天文定位原理示意图

当然，以上都是传统的天文定位导航的手段。天文导航的应用，会受到很多自然条件的限制。比如，遇到阴雨、云雾天气时，使用六分仪就无法清晰地观测到天体（不管是太阳还是北极星），而且在夜晚难以看清水天线，所以观测时机有限。

所以，这种导航方式并不稳定，加之观测数据的计算处理非常复杂，后来逐渐被其他方法取代，尤其是现在有了卫星导航技术，天文导航就弱化成一种备用方法了。

但是，作为一种古老而持久的导航技术，天文导航的好处在于它是一种独立的测量定位技术，可以进行实时测量，而且导航误差不会像惯性导航那样随时间累积越来越大，所以适合在舰船上长时间自主运行。尤其是在现代信息化对抗中，以卫星导航为主的各种无线电导航系统很容易受到干扰，而观星则不需要其他技术的配合，不被电磁干扰，自有其方便之处。

现在，随着现代设备的更新，六分仪从用肉眼观测升级成了"电子眼"，可以观测到肉眼看不到的天体并进行电子化计算，观测效果如虎添翼，还可以实现全自动、全天候、全地域的电子天文定位，现在，这种系统已经逐渐安装在新型舰船上，保障舰船即便受到电磁干扰，也能长时间进行准确的定位导航。

扫码感受观星定位的神秘

3.2.3　卫星导航：天上卫星来指路

技术进步给我们带来了卫星导航。采用导航卫星对地面、海洋、空中和空间用户进行导航定位，就是卫星导航。

当前，全球主要卫星导航系统有如下几种：俄罗斯的格洛纳斯卫星导航系统（global navigation satellite system, GLONASS）、欧盟的伽利略卫星导航系统（Galileo satellite navigation system, GALILEO）、

美国的全球定位系统（global positioning system, GPS）以及中国的北斗卫星导航系统（BeiDou Navigation Satellite System, BDS）。

各类型的卫星导航系统都经历了不寻常的发展历程。

美国于 1973 年开始研发 GPS。从 1978 年发射第 1 颗 GPS 卫星，到 1994 年完成 21 颗工作卫星及 3 颗备用卫星的配置，1995 年 4 月，美国国防部正式宣布 GPS 具备完全工作能力。

格洛纳斯（GLONASS）是苏联在 1976 年启动的项目，曾遭遇了苏联解体，俄罗斯经济不景气等困境，但始终没有中断过系统的研制和卫星的发射，终于在 1996 年 1 月 18 日实现了全球组网。

欧盟研发的伽利略系统于 1999 年启动，直至 2018 年，发射了最后 4 颗伽利略导航卫星，艰难地实现全球组网。但却在 2019 年因技术故障导致部分导航服务中断。

20 世纪 80 年代，中国开始探索适合国情的卫星导航定位系统发展道路，逐步形成了中国及周边地区—亚太地区—全球的"三步走"发展策略，2020 年 7 月 31 日，北斗三号全球卫星导航定位系统正式开通，完成了全面组网。

卫星导航原理主要是基于三角定位原理。卫星定位系统通过测量卫星与接收器之间的距离来确定接收器的位置。这个距离是通过测量卫星信号的传播时间来实现的。

卫星不断地发送包含卫星位置和时间的信号，这些信号被接收器接收并测量其到达时间。由于卫星的位置是已知的，所以接收器可以通过测量其到不同卫星的距离来确定其自身的位置。

要实现这个过程，至少需要接收来自 4 颗卫星的信号，因为这可以形成一个三维的坐标系和一个时间偏差。通过这种方式，接收器可以确定其在地球上的具体位置。

需要注意的是，卫星导航系统的时间是由卫星上的原子钟保持的，这些原子钟可以提供非常精确的时间测量，从而确保位置测量的准确性。

总的来说，卫星导航系统是一个利用三角定位原理来确定地球上接收器位置的系统。通过测量卫星信号的传播时间和卫星的位置，接收器可以确定其在地球上的位置。

卫星不断发送卫星位置和原子钟时间信息，同时发射测量距离信号。GPS接收机接收卫星传来的信号并确定它到达的时间，所以接收器可以通过公式"时间 × 速度 ＝ 距离"，来获得接收机到不同卫星的空间距离。由于卫星的位置是已知的，所以接收机所在的位置就可以得知。

如图 3-6 所示，接收机位于以卫星为球心，卫星到接收机空间距离为半径的球面与地球表面相交的圆弧的某一点。为了获得三维的坐标信息（经度、纬度、海拔高度），所以要同时观测三颗卫星。以此类推，可以根据第二、第三颗观测卫星的数据找到另外两条弧线。三条弧相交于地球表面的那一点（r），就是接收机的位置。

不过，由于大气的干扰和时间同步的误差，测出来的距离也含有一定的误差，我们称这段距离为伪距（可以理解成有误差的距离）。为了消除时间同步误差的影响，接收机需要再多测 1 颗卫星才能准确定位。通常来说，一个接收器需要随时至少能够和 4 颗 GPS 卫星直接联系，才能精确判断自己所处的位置。如果只有 3 颗卫星，就无法判断海拔高度；如果只有 2 颗，就无法计算精确位置了。

目前，卫星导航系统已经成为航海主要使用的导航系统，各类型

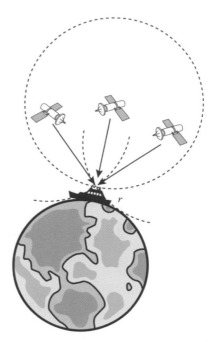

图 3-6　卫星定位原理示意图

船舶都普遍装备了卫星导航。《国际海上人命安全公约》(*International Convention for Safety of Life at Sea*，简称 SOLAS 公约）规定：所有船舶，不论其尺度大小，均应设有 1 台全球卫星导航系统或陆地无线电导航系统的接收机，或其他装置，适合于自动设备在船舶整个预定航程内随时确定和更新船只位置。

3.2.4　惯性导航：蒙着眼也能走准

想象一下，你闭上眼睛走路——

当然，并不是胡乱走，而是每一刻都知道自己改变了多少方向和走了多远。比如，往左走了一步，记下来，往右走了一步，又记下来，往左走了两步，又往右走了三步，那么现在的位置就相当于"往右走了一步"。就这样不断地记录，心里默念，把所有的信息加在一起，走一步推算一步，最终你就会知道自己走到了哪里——

这就是惯性导航。

惯性导航使用"惯性器件"（图 3-7）来感知，用加速度计测量加速度，陀螺仪测量角速度，通过测得的瞬间变量进行积分，便可推算出每一步的行程变化，将每一步的变化累加到初始数值，就可以得到不同时

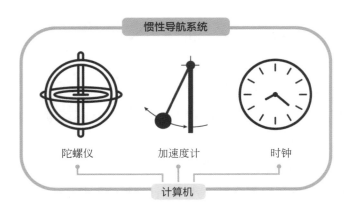

图 3-7　"惯性器件"的主要构成

间里，载体在导航坐标系里的位置、速度和姿态。

惯性导航最大的优势就是不依赖于外界的信号，自主隐蔽，抗干扰能力强，而且能全天候地、实时地获得位置、速度、姿态等多种信息。当然，它的缺点也很明显，就是误差非常容易扩大，就像一块不准的手表，一天不对表或许能勉强用用，但 10 年不对表，这个表就无法提供正确时间了。

所以，我们希望尽量可以将惯性导航与其他导航方式结合使用，这样便可兼具抗干扰、速率高和误差有限的优点。

3.2.5　组合导航：一个都不能少

除以上介绍的导航系统外，舰船还有陆基无线电导航系统、雷达导航等。如此多的导航设备，到底哪个最好，应该优先使用哪个呢？

其实，导航界也一直在研究这个问题。简单说，答案就是：没有最优解，或者说，要根据任务的不同或其他各项因素来综合考虑。

理想的导航系统，要满足很多种要求：全球覆盖、高精度、实时响应、能够提供三维位置、三维速度和航向姿态数据、工作不受外界环境的影响、具有抗人为及非人为干扰的能力、能随时进行故障检测和故障排除、高可靠性、成本低、为广大用户所接受。

这么多的要求，任何单一的导航系统都无法满足。而且，万一现在用的导航设备出了问题怎么办？甚至，每一种设备输出的信息都有一定误差，那怎么能得到更高精度的定位结果呢？

所以，我们会使用组合导航，利用计算机和数据处理基础，把具有不同特点的导航设备组合在一起，以达到优化的目的。这样可以发挥单一导航设备各自的特点，扬长避短，使导航能力、精度、可靠性和自动化程度都大大提高，就好比众人拾柴火焰高。

导航技术和基础科学的发展一直相辅相成。数学、地理学、天文学、气象学、海洋学、制图学、无线电技术、计算机技术、卡尔曼滤波技术、卫星技术、微机电技术等方面的进展都会率先在导航领域应用，导航技术也会推动这些领域的技术发展。

人们为了让船舶准确、高效、安全地到达目的地，发明了这么多种船舶导航方式，并且对导航技术的探索还远没有结束。

随着人类加快探索海洋和太空世界的步伐，更多崭新的世界在等待我们去发现。我们可以期盼，会有更精准、便捷的导航技术和设备带领我们去往更深远的世界。

3.3　在船上，有多少种方式可以预知天气？

对航海来说，海上天气预报有多重要呢？

我们先看一项数据就知道了：在海洋工程技术和海洋预报技术发达的今天，世界上 60%~80% 的海难仍然是由对于天气条件的轻视和水文气象保障的不规范而造成的。

就算没有到发生灾难的程度，不管是民船还是军舰，坏天气的负面影响也足以让船员们头疼了。比如，除了影响航行安全，还会让搜救变得更困难；对军舰来说，也曾发生过因为预报手段落后，导致航母上的舰载机全部报废的事故。

海上的坏天气也有其自然规律。比如，经常出海的人都知道，夏天要躲避台风，冬天要面对寒潮。

台风本质上是强烈的热带气旋，速度快，能量大，为了船员的人身安全考虑，天气恶劣时就需要被迫停止航行；至于寒潮，你可以理解为一团冷空气推着暖空气走，锋面（也就是冷暖气团的交界的面）处会发生突变性天气，可能刚刚还在吹暖风下一刻冷风就来了，这样的天气突变不仅会带来大风，还可能带来降水，而且降水后接着遇上冷空气，船体就会结冰，导致重心上移，稳性变差，在本就是大风大浪的天气里越发颠簸。

不过，台风好歹是短时的，且影响范围小，只要绕着走就可以躲避，而寒潮的持续时间长，影响范围大，不易躲避，多数情况下只能选择硬抗，通过调整航线来垂直穿过锋面而不是平行通过，就像飞机降落时都要避免侧风。不过，这样做虽然可以避免侧风导致的航行麻烦，但过程中也要承受寒潮带来的大风大浪大雨以及颠簸。

好在，随着现代通信技术的发展，让我们有了越来越详尽准确的天气预报，海洋上的气象信息的传送途径也越来越多，使我们能更好地应对海上的坏天气。

那么问题来了，在海上，都有哪些渠道获取气象信息？

3.3.1 优良传统——船载气象传真机

传真是一种成熟的现代化通信技术，能传送文字和图像，在许多领域得到了广泛的应用。近几十年来，气象传真广播遍及世界上所有的海洋，几乎所有重要的沿海国家都通过气象传真广播，发布气象报告，发送各种天气图、海况图及卫星云图等，为船舶提供气象服务。

现在，大部分船上都装备了气象传真接收机，因而可以方便、可靠地获得航行海区有关国家发布的气象、海况等传真资料。这些信息里包括各类气象、水文信息，转换成无线电传真信号，由大功率海岸电台发布，再由船上的气象传真机接收，转换成图像形式打印出来，就是我们在船上看到的气象传真图（图3-8）。

目前，全球已有40多个气象传真发射台，分布在陆地和岛屿上。世界气象组织将气象传真广播台划分为6个区域：亚洲、非洲、南美洲、北美洲、西南太平洋和欧洲，不同的发射台有各自不同的呼号、频率、广播时间及内容细目，可以通过航海文件查询。

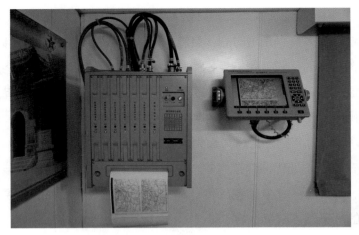

图 3-8　船上的船载气象传真机正在打印出气象传真图

（张志友团队／摄）

3.3.2　读懂传真图——航海者的必备技能

气象传真打印出的图，也叫天气图，简而言之，就是"天气的地图"。既然跟地图相似，因此底图上也有墨卡托投影、平面投影等形式，同时又包含各个地区在某个特定时刻的气象要素观察记录。

这种天气图在航海的应用，可以追溯到 19 世纪，看懂这些规则复杂的天气图是航海者的传统技能，即使是在网络应用便捷发达的今天，也是航海者必备的一项技能。

气象传真图的内容丰富、种类繁多。航海最常用的气象传真图主要有 3 种，包括地面图（地面分析图和地面预报图）、高空图（高空分析图和高空预报图）和辅助天气图，其中，辅助天气图又可分为地面辅助图（包括海浪图、海流图、台风警报图等）和高空辅助图（流线图、卫星云图等）。

其中，地面图是航海中最常用、最重要的基本天气图之一。地面图又分为**地面实况分析图**和**地面预报图**两种。

地面分析图每隔 6h 一次，其图时分别为世界时 0000Z（Z 对应 0 时区）、0600Z、1200Z、1800Z（对应北京时 0800 时、1400 时、2000 时和 0200 时）。图上的内容丰富，常用符号和英文缩写表示。

下面以 JMH（东京 1 台）发布的地面分析图（图 3-9）为例，介绍一张小小的图里包含的天气信息。

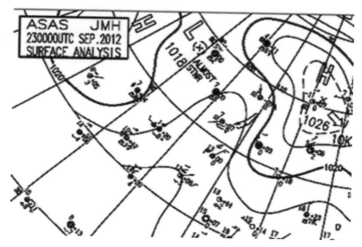

图 3-9　地面分析图

首先，左上角小方框里的是图名和标题，第一行"ASAS"，有两个"AS"，其中前面的 AS 是图类代号，是"analysis"和"surface"的缩写，意思是地面分析图；第二个 AS 为图区代号，是"Asia"的缩写，意思是亚洲地区。图 3-10 是常用传真图种类代号。图 3-11 是部分传真图区域代号。

"ASAS"右边的"JMH"是东京 1 台发射台的呼号，UTC（universal time coordinated, UTC）代表协调世界时，因此该图表示日本东京 1 台发布的亚洲地区地面分析图（或实况图），时间是世界时2012 年 9 月 23 日 00 时。

代号	说明	代号	说明
A:	分析图:	C:	气候图
AS	地面分析	CO	海洋气候（海温）
AU	高空分析	CS	地面气候
AW	海浪分析	CU	高空图
AN	云层分析	S:	地面资料
F:	预报图	SO	海洋气象资料（表层海流）
FS	地面预报	ST	海冰情报
FU	高空预报	W	警报图
FW	波浪预报	WT	热带气旋警报图
FO	海流预报	WH	飓风警报图
FI	海冰预报	VS(VIS)	可见光云图
FE	中期预报	IR	红外云图

图 3-10　常用传真图种类代号

代号	图区	代号	图区
AS	亚洲	AA	南极
CI	中国	AC	北极
JP	日本	IO	印度洋
EA	东亚	AF	非洲
FE	远东	NA	北美
GM	关岛	EU	欧洲
SJ	日本海	XS	南半球
PA	太平洋	XT	热带地区
PN	北太平洋	EC	东海
PS	南太平洋	SS	南海
XN	北半球	AU	澳大利亚

图 3-11　部分传真图区域代号

另外，还有多处警报符号。其中：

FOG[W]（warning）为浓雾警报，能见度 <0.3 海里；

[GW]（gale warning）为强风警报，风力 8~9 级；

[SW]（storm warning）为暴风警报，风力 10~11 级；

[TW]（typhoon warning）为台风警报，风力 ≥ 12 级。

图 3-12 是有关台风的警告。从上到下，每一行的意思分别是：

2012 年第 17 号台风杰拉华；

从强热带风暴升级而成；

中心最低气压 985 百帕；

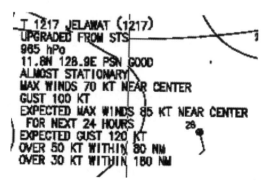

图 3-12　亚洲天气图（局部展示）

中心位于北纬 11.8°，东经 128.9°（由飞机定位，误差小于 20 海里）；

几乎固定不动；

近中心最大风速 70 节（1 节 =0.51m/s）；

阵风 100 节；

预计近中心最大风速将达到 85 节；

未来 24 小时；

预计阵风将达到 120 节；

距中心 80 海里的范围风速超过 50 节；

距中心 180 海里的范围风速超过 30 节。

3.3.3　蓬勃应用——互联网获取

随着互联网技术的快速发展，通过互联网发布气象信息已经成为每个气象台站发布气象信息的重要手段之一。这些气象信息包括实况和预报信息两种，信息内容有文字描述的，也有图表形式的。

总的来说，通过互联网技术往往可以获得最新的、详尽的海上气象数据，内容丰富、形式多样，而且船舶驾驶人员可以根据需要查阅、下载所航海域详细的气象和海况信息。

现在，船上使用比较多的气象软件有：流浪潮汐、海洋天气、windy等。由于船上的信号较弱，因此只在有信号的时候才能使用互联网产品。好在，近几年随着卫星互联网的发展和广泛应用，船舶卫星通信成本越来越低。

除了气象传真和互联网软件，其他渠道还有 NavTex（航行警告电传系统）和 Inmarsat（全球海事卫星通信服务），也都能及时接收天气报告和警报报文。

此外，如果是航行于沿海水域的船，还可以通过手机短信、沿岸的广播、电视、报纸、甚高频（very high frequency，VHF）电台等多种途径获取气象海况预报信息或者警报信息。

天气预报对人们的重要性不言而喻，或许，从天气预报节目总是安排在电视台黄金时间段这一点，就能感受人们多么需要它。而对于航海者来说，这种重要性又会加倍。

因为，如果在陆地上遇到坏天气，我们至少可以想办法躲避，寻求遮挡物的庇护；而在海上，在风浪里，人和船都像沧海一粟，与大自然是真正的短兵相接。好在，现在随着科技发展，天气预报服务的准确性和使用的便捷性都在不断提升，可以帮助我们获取更精准更实时的天气信息，在探索海洋的过程中找到更安全的航路。

3.4　船舱进水后，如何让船不沉？

在海上航行，船难免会遇到危险。这些危险有的意料之中，有的则出乎意料。

比方说，普通的船可能会发生碰撞或触礁，如果是军舰，还可能会遭遇武器攻击，会发生各种损害；再比方说，船舱破了、进水了，普通人可能会觉得：完了完了，要沉了。其实这种时候，有些军舰不仅可以保持前进，还能继续战斗。

船在发生破损后还能浮在水面，甚至还能恢复一些航海性能和战斗能力，这种特性也叫"不沉性"。让船不沉，不仅是船员的重要职责，事实上，从设计阶段开始的每一项工作环节，都要考虑"让船不沉"。

3.4.1　从设计开始"不沉"

为了让船不沉，我们要先知道船是怎么沉的。

当船破损进水，会失去一部分储备浮力，产生横倾、纵倾或者降低稳度，严重的话，就会完全丧失储备浮力而沉没，或因为稳度不足而倾覆，不管是沉没还是倾覆，都可以理解成我们俗话说的"船沉了"。

不同的船对不沉性有不同要求。因为有战斗的需求，所以军舰对抗沉性要求最高，民用船则按任务、吨位大小、航行条件以及在使用过程中可能遭到的破损情况来决定。

不同的民船对"不沉性"的要求也有所不同。比如，和货船相比，客船对不沉性的要求更高；如果是在未探测过的航线、航区或结冰区行驶的海洋调查船，对不沉性的要求则更高。2019 年，我国极地科考船"雪龙"号曾在南极撞上冰山，船尾冒烟，桅杆断裂，但破冰船船艏是经过特意加固的撞角装备，一种本来就是用于切开不太厚的冰层的材料制作的，所以虽然撞上冰山，但没有受损沉没。

3.4.2 "防沉"三原则

如何让船在进水后尽量保持不沉性呢？

"预防、限制、消除"，是保持不沉性的基本要素。

首先，预防是基础。对船来说，从物资配置到船的机动以及船员行动上，都要降低灾害发生的可能性。舰体机构和设备是预防的保障，通常要从以下两方面考虑。

一个是在设计舰船时考虑水密区划，也就是把船合理地分隔为多个水密隔舱，这是为了限制水在舰体内蔓延，换句话说，即使船在某一处破损进水，也能将其控制在固定的一块区域里，其他区域不会进水，这样可以保证破损后仍然有适当的储备浮力和足够的稳度。

另一个考虑是船上要准备足够的抗沉设备，包括各种排、灌、导移油水的设备和管系，以及各种堵漏、支撑、损管器材，如堵漏伞、堵漏毯、堵漏箱、堵漏螺丝杆、堵漏板等。

有了预防，然后就是限制和消除。总体来说，需要遵循水面船舶有效抗沉的 3 条原则。

1. 不让水到处跑

如果只有一两个破损口进水，甚至两三个舱被淹，其实船并不会有什么大问题，毕竟水密舱还是有效的；而如果船内进水后限制不了水，任其继续蔓延，那才是最大的威胁。根据海战经验，多数舰艇沉没或者失去航行与战斗能力，是由于水在船内部蔓延而造成的。

我们在陆地上遭遇水灾时，也是要考虑"堵、疏、排"结合，如用大量的沙袋堵住破口，加固堤坝。在船上限制水蔓延的方式也差不多。

一是堵漏，也就是堵塞破洞，要根据破洞的大小、破口在水下的深度、海水灌入舰艇内的速度以及舰艇所配备的堵漏器材等进行相应处理。

二是支撑，因为水密门（图3-13）、舱口盖的结构比较弱，因此当舱室被淹没后，海水会向相邻的舱室蔓延，这时候就得加固这些门盖，让它们支撑住。

三是排水，排干破损舱内的海水，才是最终的解决办法。不过，船上排水设备能力有限，很可能排水能力和进水之间有很大差异，所以排水的作用又有局限。

图 3-13 船上的水密门

（张志友团队/摄）

扫码可远程感受跨过水密门的高门槛

2. 让船保持平衡

水的蔓延问题解决后，沉船的威胁就大大减小了。但由于某些舱室被灌注，船会朝某一侧倾斜，也会影响航行和作战。所以，这时的首要问题就是平衡船体。

平衡船体本质上就是"把重心稳定住"，所以操作起来就是调整船上各部分的重量。

比方说，如果左前方的舱进水了，那我们就往它的对角，也就是右后方的舱灌海水，或者把破损舱附近的重量（如油水、粮食、弹药这些物资）移到它的对角舱去，就好像挪动砝码使天平平衡；或者干脆把破损舱附近的重量移走，把积水也排出去，这样也能让船体平衡。

我们的目的是节约储备浮力，提高稳性；但必要时，可以用储备浮力换取稳性，想明白这些，使用对策的时候自然会心中有数。比方说，要在对角舱灌海水时，要选择远、小、低的对角舱，而且尽量装满；如果是把重量挪开，要尽量从高处往低处挪，也是要尽量装满，更有利于稳定船的重心；排积水时，一般不应该排底舱，而要选择近且高的舱室，尽量排尽，既能快速处理，又能稳定船的重心。

3. 减小船上自由流动液体面积

如果船舱进水，往往存在大面积自由流动的液体，大片的积水晃来晃去，会让船的稳性大大降低，液体向倾斜一侧流动，船也更容易继续倾斜。

所以，此时把船扶正的关键是：①减少自由液面；②如船出现破口时要抓紧堵住；③舱里的积水要及时排出。

掌握了这 3 条原则，我们才能尽快堵住入水，避免蔓延，在破损情况下也能让船体保持稳定。

归纳下来，处理船舶进水这个问题，不是从"进水发生"才要思考的问题，而是从最初设计船舶时就要思考的问题。各个环节梳理下来，关键还是要看清本质，抓住主要目标。

比如，为了达成"平衡船体"的目的，我们要节约储备浮力，提高稳性；但必要时，又可以用储备浮力换取稳性。想好自身真正的需求，以及在关键时刻懂得对目标的取舍，如此，方能在危难时刻做出更有利的行动选择以及得到更好的结果。

3.5 船舱起火了，怎么办？

如果船在大海上发生火灾，后果会怎样？

也许有人会觉得，四周都是汪洋大海，水触手可及，船起火了也很容易灭吧？

其实不然，海上消防工作是最困难最严肃的救援工作之一。

船舶相当于水上的建筑物，一旦发生火灾，可能比陆地上风险更大。因为水上的消防力量没那么快能赶到，除了自救，没有其他选择。因此每艘船舶必须配备消防设备和系统，以便在没有外援的情况下能够自救。

海洋上的危难有其特殊性，因此需要船员进行全面的学习和准备，才能参与航行或者作战。

3.5.1 船上的火灾风险，可能比你想的大

即使剔除救援难度因素，船舶本身的火灾隐患也不容忽视。一旦起火，这些隐患可能导致的风险和造成的损失，都会比我们想象中更严重。

这些风险可以分为 5 类。

第一种风险，船上的可燃材料比一般人以为的要多得多。比如，船上的装饰和装修，货物中的可燃货物或者武器等，以及船自身的燃油，都属于可燃材料。

人们往往会被大游轮或者军舰的规模所震撼，但庞大的体型也意味

着大量装饰装修材料的使用，预示着更多火灾隐患的存在。为了保证消防安全，《国际海上人命安全公约》对船舶舱壁、衬板、天花板等装饰装修材料的防火性能做出了严格的规定。但由于技术原因，船上还是会用很多可燃材料。

第二种风险，船上火源也多。比如，船上要烧锅炉，还有焊接的工作，还要在厨房用各种炉灶做饭，这些都是明火。而且起火源往往出人意料，如 2008 年美国航母"乔治·华盛顿"号的火灾，就是船员吸烟所致。

第三种风险，船上一旦发生火灾，特别容易蔓延。现代船舶的材料都是钢铁，是热的良好导体，比普通材料的传播速度要快得多，再加上海上常有风浪，风助火势，往往导致火势越烧越旺。

一旦火势蔓延开了，要及时扑灭也不容易，这就是面临的第四种风险：船的结构特别复杂，疏散难度大。为了满足各种运输、生活以及作战需求，船上的舱室和机械设备都是走"小而全"的路线，整体结构比较紧凑，不仅舱室面积狭小，通道和楼梯也比较狭窄。可以想象，一旦起火，会产生拥堵，疏散起来难度很大，而且很难展开扑救行动。尤其是火灾蔓延之后，很难从几个方向同时对火灾进行扑救。还有浓烟、热辐射、热对流也往往使扑救人员无法靠近，灭火行动很难展开。

另外，还有第五种风险：消防设备有限，难以有效得到救援补充。船上灭火器有限，一旦用完并不能像陆地上那样一方有难，八方支援。而且，如果风大浪急，加上火焰的炙烤，附近的船也很难靠拢，即使有专业的消防产品也难以及时实施有效救助。

除了救援难，船上的火灾带来的损失也会更大。现在的船舶都在向着大吨位、高科技和舒适方向发展，船的造价越来越昂贵，一艘船动辄价值几千万元甚至上亿元。除了直接损失，火灾造成的间接损失更无法计量，如占用水道、污染海域，以及对国家政治、经济和外交的影响等。

3.5.2　从水到气体，利用各种手段来灭火

船上具体怎么灭火呢？

我们知道，燃烧的必要条件是：可燃物、一定温度、氧气。从原理的角度来看，要灭火就是采取隔离可燃物、降低温度、隔绝氧气的方法。

隔离可燃物。比如，如果是气体管路泄漏引起的火灾，就把气源阀门关上；如果是油舱引发的，就把油送到远离火场的空舱中，总之是让可燃物远离氧气，远离燃烧环境。

降低温度则是把固体冷却到自燃点以下，液体冷却到闪点以下，不能再产生足以维持燃烧的气体或蒸汽，燃烧就会终止。用水灭火，其实也利用了冷却作用，因为水具有较大的热容量和汽化潜热，1千克20℃水蒸发成水蒸气要吸收2593千焦的热量，在火灾现场，这种蒸发往往就是瞬间的事，所以可以迅速降温。

隔绝氧气，也就是窒息作用，也有几种不同的方法。一般碳氢化合物在氧浓度低于15%时不能进行有焰燃烧，低于8%时不能进行无焰燃烧，所以把固体、液体、气体等覆盖在燃烧物表面，就可以隔离氧气；另外，如果能有效地抑制燃烧自由基的产生，或者迅速降低火焰中H、O、OH自由基的浓度，中断燃烧的链式反应也能灭火。简单说，其实和我们平时如果遇到着火就赶紧用衣服扑灭是一样的道理。图3-14是船上的灭火演习。

图 3-14　船上的灭火演习

（张志友团队/摄）

根据火灾的起因和火情的不同，舰艇上往往同时设置两种或两种以上的消防系统。常用的消防系统有**水灭火系统、水蒸气灭火系统、二氧化碳灭火系统、卤代烷灭火系统、泡沫灭火系统以及干粉灭火系统**。在图 3-15 中可以了解这些方法各自的针对性。

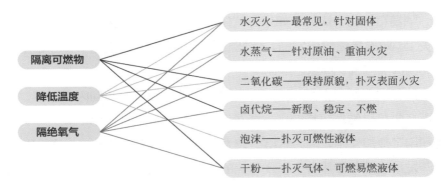

```
隔离可燃物          水灭火——最常见，针对固体
降低温度            水蒸气——针对原油、重油火灾
隔绝氧气            二氧化碳——保持原貌，扑灭表面火灾
                   卤代烷——新型、稳定、不燃
                   泡沫——扑灭可燃性液体
                   干粉——扑灭气体、可燃易燃液体
```

图 3-15　船上灭火方法及针对性

🔥 高温预警 🔥

以下有关灭火介绍的文字可能看起来单调且枯燥，因为涉及灭火的知识点，比起用轻松活泼、面目可爱的文字去表达，让它们完整和准确更重要。

水灭火原理大家都容易理解。不过，值得注意的是，在船上灭火时要及时排水，需要一边喷水一边往外抽水，争取不让水没过水密门，不让水扩散到别的舱室。

水蒸气灭火，用的其实不是水，而是用蒸汽充满整个空间，让舱内的含氧量下降到不可燃烧，所以是通过隔绝氧气来灭火的。同时，水雾还可以吸热，可以用来协助扑灭原油、重油火灾。

二氧化碳灭火是利用二氧化碳不助燃、不导电、比空气重、对物体无腐蚀作用的特性，可以用它来破坏燃烧条件。它从液体汽化后下沉，能隔绝氧气，还能降温，并且不污染设备，残余的气体也容易排出去，失火的现场易于保持原貌，以便查明原因，所以，在扑灭表面火灾时十分有效。

泡沫灭火是利用窒息和冷却这两点。它主要用于扑灭可燃性液体的火灾，如矿物油等。要注意的是，水会削弱泡沫灭火器的发泡和冷却能力，从而影响灭火效果，因此它不能和水同时使用。

干粉灭火剂是把干粉撒在火区，它吸热的同时分解出二氧化碳、水蒸气以及干粉雾，对火焰辐射热起到屏蔽的作用，也降低了燃料的蒸发速度。这种方法主要用于扑救可燃气体和可燃、易燃液体的火灾，以及电气设备的火灾。

新型灭火器中，较具有代表性的是卤代烷灭火和惰性气体灭火系统，它们是利用气体的惰性、稳定性和不燃性来达到灭火目的。

 高温预警结束

3.5.3　船上也有消防员

船上的消防员不是专职消防员。平时他们各司其职，当危险发生时，就穿上消防服，化身灭火者。要知道，在船员资格考试中，消防考试是重要项目。

根据 SOLAS 的要求，每艘船应至少配备 2 套消防员的装备（图 3-16），且不能存放在同一

图 3-16　船上的消防员的装备
（张志友团队／摄）

地点。消防员的装备包括防护服、长筒靴、手套、头盔、太平斧、安全灯、呼吸器和耐火救生绳等。

3.5.4　灭火也有战术战略?

前文提到，舰艇相当于水上的建筑物，但是，一旦发生危难的情况，又跟地面上楼房的情况不同，因为不管是进水还是起火，船都处于"孤立在水中"的状态。船舱进水时，我们强调要阻止水的蔓延，火灾时也一样，限制火势蔓延也是重中之重。

从灭火战略的角度，需要灵活地运用一些基本原则。

第一，扑灭初火跟限制火势蔓延同时进行。如果没有灭火器，那么用浸水的衣服、被子、垫子、毯子盖住隔离氧气也可以。失火舱的门、孔要赶紧关上，搬开火源四周的易燃、易爆物品。

第二，如果是严重火灾，先限制后灭火。

火情严重时，扑灭火源往往是很困难甚至是不现实的，此时要先限制火灾蔓延。和普通居民楼或写字楼不同，船上的可燃物或易爆物品很多，如有专门的油舱、机炉舱、油漆舱或弹药舱，所以限制火情有时候比灭火更重要，要是蔓延到这些舱室，发生爆燃，后果将不堪设想。

限制方法包括：向火区附近的油舱充注二氧化碳、卤代烃，隔绝火的蔓延；关门、关电，防止电路起火蔓延到全舰；搬走易燃物和危险品，或者用水冷却舱壁；如果是上甲板发生火灾，可以操纵舰艇，利用风向将火焰吹离舰艇。

第三，如果抢救无效，可以封舱灭火。

对于那些可密闭的舱室，在全力抢救无效时，可以封舱隔绝空气，同时启动全浸没系统注入二氧化碳、卤代烷等灭火材料，提高封舱灭火的效果。

封舱灭火后，要等舱内烧红的金属冷却、隐燃停止，舱壁温度下降到正常后，才能逐渐打开通风口、舱口盖和门，先自然通风（不会引起火花），待爆炸物达不到爆炸极限时，再机械通风，通风结束前不得开灯，这样可以防止一氧化碳等气体的复燃爆炸。

需要注意的是，由于封舱灭火必须弃舱，且仪表、设备会遭烧坏，所以一般情况下不宜采用；另外，弹药库绝对禁止封舱灭火，无论是弹药库本身或邻舱起火，弹药库均应敞开并用水降温。

以上三个关于舰艇灭火的基本原则，其实是一个整体，不能孤立对待，在与火灾作斗争的过程中，必须灵活地运用上述灭火基本原则，"灭"和"限"应同时结合进行，"灭"是为了"限"，而"限"是为了"灭"。

兵贵神速，灭火也一样。在火灾面前不能有丝毫犹豫，在船舶上救火更是不能迟缓，否则不仅会涉及邻舱形成大面积火灾，而且可能引起爆炸，甚至使船舶毁灭。

同时，还要牢记"预防为先"，让每一位船员都深刻认识到进水和起火的代价，也更明白海洋上危难的特殊性，做到防患于未然。其实，不仅仅是防水和灭火，所有的危机处理，都是这个道理。

3.6 军舰后的美丽尾流，藏着哪些秘密和风险？

很多人小时候都有过这样的经历：每当头顶有飞机飞过，就呼朋引伴"看！飞机！"，看飞机拉出一道白线，慢慢地，飞机飞出了视野，白线也消散在遥远的天上。

在海上，也有这样一道美丽又奇妙的白线，那就是船的尾流。航行过程中，站在船尾就会看到，它们仿佛是近在咫尺的浪花，又像是随着船的前行而渐行渐远的朋友。

和人人都能望到的飞机白线不同，"尾流"（图 3-17）是专属于航海者的风景，当然，它们的不同之处远不止这些。尾流虽然美丽，但对于军舰来说却隐藏着风险。

为什么这么说呢？

图 3-17　舰船后会拖出美丽的尾流

（图片来源：南海舰队）

3.6.1　飞机和舰船，尾流大不同

飞机和舰船看起来都是一边飞驰一边拖出白色的尾巴，但其实，船的尾流和飞机的尾迹是不同的。

飞机的白色尾迹，本质上是一些小小的冰晶。在飞行过程中，飞机会排放出废气，废气中的高温水汽与天空中湿冷的空气碰撞，就会凝结形成冰晶，形成白色的尾巴。因为飞机速度很快，这些冰晶还没消失，飞机就已经飞远了，所以看起来就在身后留下一道白色尾巴，也有人把这种现象叫作飞机拉线、飞机云或凝结尾。飞机的"尾巴"存在时间往往不长，一般很快就会消散在空中。

而船舶身后的尾流，本质上是一个个微小气泡。当船在水面航行，螺旋桨转动时会将空气卷入水中形成大量气泡，随着船向前行驶，这些气泡看起来就成了拖在船后的尾流。

扫码来看会动的尾流

与飞机尾迹很快消散不同，一艘大船的尾流可以绵延近百公里，尾流的形态甚至可以停留好几天。这是因为螺旋桨产生的气泡非常小，并且受到表面张力和上浮阻力等力的共同作用，越小的气泡停留时间越久。

气泡越小停留越久——生活里也可以观察到这样的现象。比方说，你在游泳的时候，吐一个泡泡，那个泡泡浮到水面上会破掉，越大的泡泡就破得越快。但是，如果我们拿一个针管往水里打气，打出来的那种小小的气泡，可能会很长时间才会消掉。

3.6.2 通过尾流，可以看出哪些秘密？

尾流看起来很美，也很有用，就像可以通过一个人的呼吸来判断他的健康情况一样，我们也可以通过分析船舶尾流的特征，然后对舰船的性能进行评估和优化。

尾流可供分析的特征有很多，最直观的就是看形状和大小。不同的船舶设计，或者不同的航速与海水密度，都会让尾流的形状和大小有所不同。

比如，船的航速越快，尾流就越明显，因为螺旋桨转得快，打出的气泡也就更多，且更小而密，停留得也更久。换句话说，如果看到非常明显的尾流，可能意味着刚刚过去的船的航速很快。

再比如，通过尾流也可以大概看出船的吨位。小渔船的尾流往往比较窄，因为吨位小，吃水浅，螺旋桨就会离水更近，相比起小船，大船的尾流往往就更宽，因为吨位大，吃水更深，螺旋桨也在水中更深的地方，因为受到水压更大，加上其他力的综合作用，打出的气泡会更小，上浮需要更长时间，消失得也更慢，所以尾流会更宽、更壮观。

尾流的形状还可以看出舰艇的航速和姿态。

比如，如果是载重均匀，两侧受力均等的船，其尾流看起来也会比较均匀；而如果船是在倾斜航行，尾流就会看起来一侧比较重而另一侧比较浅。

有时候，根据一些特殊的尾流形状，还可能推断出船的动力问题。比如，2021年，印度海军当时公开发布了自造航母海试视频，虽然看起来动力强劲，但尾流看起来却是一截一截的锯齿状，而不是正常状态下的一整条。有军事专家分析可能是航母的动力系统有问题，输出不稳定，航速不均匀，导致舰艇在连续的加速与减速中上下浮动。或许可以这么理解：就像开车的时候，如果发动机出了问题，车也会咣当咣当地又震又颠。

当然，除了大小和形状，尾流还有很多特征，如气泡的数量，气泡上浮过程中的声学特征，等等。

只是，这些信息也像一把双刃剑：虽然可以帮助我们更好地研究尾流以及评估和优化舰船的性能，但同时也会带来安全隐患，因为会使舰船更容易被一些武器和平台发现、识别、跟踪、定位和攻击，比方说，识别到哪里有尾流的特征，制导鱼雷就可以循着特征去追踪并攻击舰船。

3.6.3 有办法"消除"舰船尾流吗？

那么，有没有办法"消除"这些尾流呢？

可能还没有完美的办法，不过研究者们都在努力。尝试的方法有很多种，包括人工大气泡消泡法技术、超声消泡法技术、释放消泡剂法、尾流能量吸收法等，每种做法都展现出研究者们大胆的想象力和智慧。

比如，人工大气泡消泡法技术，简单说，就是用大气泡去吞并小气泡。因为小气泡上浮时间慢，消失也慢，而大气泡上浮速度很快，破裂的速度也快，存在时间很短，因此研究者的设想是：当小气泡还在慢悠悠跑的时候，让速度更快的大气泡去吞掉小气泡同时快速上浮，之后因为大气泡很快会破裂，所以也就相当于快速地消除了小气泡。

这样做的好处是可以直接利用空气作为材料来制备大气泡，缺点是又会产生新的问题，比方说，虽然可以就地取材，但制造气泡的装备会不可避免地让舰艇载重增加，以及占用舰艇宝贵的空间。

那么，有没有可能既吞掉尾流的小气泡、又不用特意制备大气泡呢？有研究者把目光瞄向了船的尾气。正常情况下，黑乎乎的高温柴油尾气排放到大气中，也容易暴露船的行踪，如果通过管道的改装，将这些尾气废物利用，引导到船尾的水中排放，这样既可以产生大气泡消除尾流，同时又解决了尾气可能暴露行踪的问题，实乃一举两得。

只是在目前的技术条件下，这种理论的设想虽然很理想，但也要面临很多技术挑战。比如，就像人在水中很难呼吸，尾气也需要额外加压才能排到水里，而且尾气也需要过滤，等等。这些都涉及管道改装，而舰艇的结构变化往往牵一发而动全身，需要同时考虑船的稳性、螺旋桨的设计等，并非易事。

现在各国海军都在研制和应用舰船尾流隐身技术，除了上面提到的部分，还有很多思考角度，如设计的时候降低螺旋桨的噪声或者尾流气泡量，或者通过某些手段抑制尾流中的这些微小气泡。归结起来，本质就是"减少泡泡"，让尾流的位置看起来和周围的普通水域没什么差别，从而无法被探测，达到尾流隐身的目的。

同样的事物，从不同的视角看出去，就会呈现不同的面貌。游客眼中的美丽尾流和气泡，对军舰来说却是致命威胁。

不过，换个角度看，危机也可以变成机遇。比方说，我们对气泡了解更多一点，就能更清楚它是怎么来的，它有什么特点，我们能对它做什么以及还能用它做什么，在驰骋海洋的时候更能领先一步掌握主动权。

小小的气泡里，有大大的学问。其实，在人类征服海洋的过程中，还有很多细节都是这样值得科学研究的方向，既推动我们探索宇宙间未知的规律，也推动我们学以致用、实现科技强军的梦想。

第 4 章
惊心动魄的开船

可能你会开车，但是说到动辄上万吨的船舶，想让它听你的话进退回止，可没那么容易。如果遇上狂风暴雨巨浪，那开船就要惊心动魄了。在无边的大海上，钢铁巨轮也会变成"一叶小舟"，脆弱又飘摇。好在，驾驭船的人会思考，会总结经验，会反思教训，再将这些凝结为智慧和勇气，去应对和战胜风浪。

4.1 前进、后退、掉头……开船的"科目三"都包括哪些？

跟开车一样，船上路以后，需要按照驾驶员的意图行驶（图 4-1），按需要掉头或者停船，这就是我们说的船舶操纵，当然，这种操纵还是比开车复杂得多。

图 4-1 船在行驶中

（张志友团队 / 摄）

具体来说，航行中的操纵包括驾驶员要将船舶稳定地保持在计划航线上、准确地转入新航向，以及在受限水域中安全掉头等。

接下来，我们详细看看，要让船在海上畅快航行，需要掌握的"科目三"具体都包括哪些？

4.1.1 船舶前进和后退的指令是怎么传递的？

说船舶操纵比开车复杂，这一点也不夸张。比方说，如果想达到某个航速，光调整航速的挡位就有 9 个甚至更多。

航速有不同的分类方法，如最大航速、全速是根据主动力装置以多大的功率（最大功率和正常工作功率）运转的速度；巡航航速是巡航时常用的速度；经济航速指成本最低的速度（考虑运输要求和营运费用等）；最小航速指船舵能发挥操纵作用的最低速度。

我们在电影、电视里，可能会听到驾驶员下口令，如"两进一"。其实，这就相当于汽车的换挡，要求两个船舶主机动力系统都以一挡前进。船要达到某个目标航速，也要靠加速挡和倒挡，船上换挡的仪器有个专门的名称，叫车钟，需要改变某个挡位就在驾驶台摇车钟下指令。

一般民用船舶上面有 9 个车钟，对应着 4 个前进挡、4 个倒挡和 1 个停车挡。停车挡在中间（相当于汽车的空挡），停车挡向上依次为微速进，前进一，前进二，前进三（全速进）。停车挡向下依次为微速退，后退一，后退二，后退三（全速退）。

不过，调整船速可不是像开车那样只需司机自己调就行，这个过程需要船舶驾驶员和轮机人员的一整套协同配合：首先是驾驶员将船舶控制的命令传递给车钟手（图 4-2），车钟手再将命令传递给轮机员；轮机员接受指令，再调节动力系统，如内燃机调速器，从而控制速度。要"倒船"的时候，需要使主机反转。转速级别和正转一样，但是倒的速度要比前进慢很多。

图 4-2　船上的车钟手在操作

（张志友团队／摄）

整个变速（图 4-3）的过程口令也十分正规且"仪式感"十足：

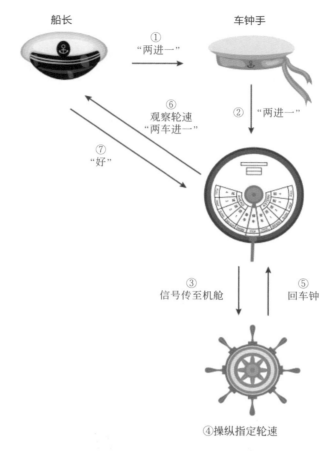

图 4-3　船舶变速流程

　　船长（驾驶员）下达指令："两进一"；

　　车钟手听到后复诵"两进一"，并将左右车钟把手同时扳到两进一的速级位置；

　　该车钟信号会传递至机舱，轮机员回车钟，再操纵主机到指定的轮转速上；

　　车钟手观察主机转速表，待到达指定的轮转速时，向船长报告："两车进一"；

　　船长（驾驶员）核查确认后应回答"好"。

4.1.2 航行中的船舶怎么掉头和转向？

开车转向，靠方向盘，那船呢？船上的"方向盘"叫舵轮（图4-4），跟汽车方向盘一样是圆形的，很小很轻，却可以控制整条船的航向。

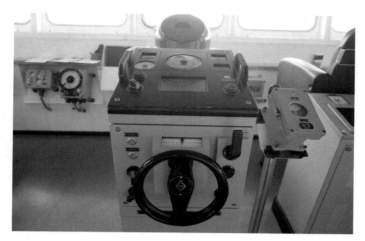

图 4-4　船上的舵

（张志友团队 / 摄）

船舵控制有三种模式。

第一种是自动模式。跟汽车的自动驾驶一样，在大洋上航行时，船也有自动操舵控制装置，能让船舶维持在预先设定的航向上，并且还能自动计算出最省油的操纵。在自动模式下，船员值班的时候也只是瞭望一下，不需要人工干预舵轮。

第二种是手操模式，也就像汽车的手动模式一样。一般在航道里面使用，航道比较狭窄，需要精准操纵，所以需要人工掌舵。

第三种就是应急模式。如果突然发生船上没电了、船舵不灵了等紧急情况，需要立即使用应急舵，灵活机动地控制船舶的航向。

船舶掉头和开车一样，也是转180°。但并不是简单地把舵转到反航向就行了，当在开阔海域时，是将舵转到指定舵角，然后船舶在舵力的作用下转到相反的航向上。

在开阔海域，只要把舵转到反航向就行。但在港内或其他受限水域，水域面积往往不足以使船进行正常旋回运动，再加上风、水流的影响，掉头难度更大。这时候就要综合运用车、舵、锚等设备，必要时还可以申请拖船协助（可以想象一下汽车的拖车）完成掉头操纵。

我们在看海战片时，会听到舰上指挥官说"左满舵"。其实这就是转向（图4-5）的指令。要知道，船转向并不是舵手来决定的，向左还是向右，必须得听船长或者引航员的指令，不得有误，舵手只是根据听到的口令，迅速做出操作反应。

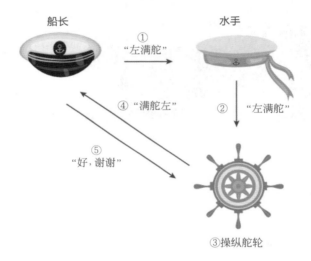

图4-5 船舶变向流程

这种向水手（舵手）发出的操纵方向的操舵口令，就叫作舵令。水手听到舵令后，要立即复诵，并将舵迅速转动至舵令所指定的角度，完成操舵动作后，再向驾驶人员重复一次。当舵令与实际舵角符合，操纵正确，驾驶人员应回答"好"，表示对操舵的认可。例如：

船长（或驾驶员）指令："左满舵"；

水手（舵手）听到后复诵："左满舵"，并操舵；

当舵角到达左满舵时水手回答："满舵左"（此处要反着回答）；

船长核查确认后表示：谢谢或好。

这种反复确认的过程，就是为了使听到和做到的保持一致，发现错误及时纠正。

那么"左满舵"到底是多少度呢？答案是 35°（船中心线与舵面的夹角），相应地，水里的舵叶也是左转 35°，即使是特殊要求设计的船（比如带动力定位功能的海洋平台三用工作船）也只有 45°。

为什么是 35°？因为转舵是利用舵的两面流速不同产生拉力，如果打满 90°，效果并不好，而且螺旋桨水流直接被挡住了一半，还会产生巨大的阻力。所以满舵就是定在舵效最好的角度，一般就是 35°。

除了"满舵"，舵令还有很多种。比如，左（右）舵 XX 度、正舵、回舵、把定（稳定在命令时的航向上）、压舵（如风浪、装载不对称等，使船舶形成向某一侧的小偏航，压舵对船舶形成一个固定的转船力矩，用以平衡单侧横向干扰力）等。

4.1.3　船舶如何紧急"刹车"？

我们开车时会踩脚踏板刹车，一踩踏板，车滑行一段距离后就会停下来了。但如果车速过快，即使急踩刹车，也会因为制动距离过长，车辆因惯性持续向前而发生意外。

质量越大，惯性越大。想想海上那些"巨无霸"级别的船舶，即使将主机转速降为 0，没有动力时，想要在海洋上刹车，没有个五六千米根本停不下来。因此，许多船舶相撞事故都是由于惯性无法停船造成的。

船舶没有单独的刹车装置，需要刹停时，一般会使用以下方法。

一种是利用船舵刹车。这个方法有些类似于"神龙摆尾"。假如在航海时遇到了紧急情况，将船舵进行大方向转舵，使船身在海面上转一个大弯，这样两侧船体和水流强烈撞击会产生巨大的阻力，这种力量会让船慢下来，也可以躲避前方障碍物。

但是使用这种方法需要有两个前提：有足够拐弯的空间，与前方障碍物有一定安全距离。不然即便靠水波减了速，船身还是会在巨大的惯性下前进，甚至直接撞向障碍物。泰坦尼克号的悲剧就是这种情况。在大副下达了"所有引擎减速！左满舵！三号螺旋桨倒车！"的指令后，因为船速太快、船体太大、离冰山太近，根本没办法做到"急刹车"，最后撞上冰山沉没了。

另一种是利用螺旋桨刹车。这就是所谓的"开倒车"，实际上指的是反转螺旋桨。正常情况下，船就是靠螺旋桨旋转的巨大推动力前进的，反转的时候就像汽车的倒挡一样，会产生向后的推进力抵消前进力。这种刹车方法适合任何水域，任何速度。

在这种情况下，如果轮船的制动还是不够快、不够急，那么我们还有最后一个方法，那就是抛锚刹车，也就是将锚抛进水中自然下沉到水底，并使其嵌入土中。锚会产生抓力和水底泥土固结起来，就可以逼停船舶。不过这种情况下要注意抛锚的速度，一旦速度过快就会容易导致锚链断裂，引发更加危险的事故。

总之，掌握正确的开船知识和技巧，对驾驶者和乘客的安全至关重要。通过了解船舶结构和部件、学习航行规则和注意事项以及掌握基本的安全操作，我们能够更加自信地面对各种航行情况。在享受航海乐趣的同时，我们也要时刻保持警觉，遵守相关法规，确保自己和他人的安全。毕竟，在享受畅行大海的乐趣之前，"安全"是第一位的。

4.2 停船比停车难吗？不多，也就难个50倍吧

在网上，"看高手如何进停车位"一直是挺受欢迎的视频类型，看高手停车就像看表演，技术娴熟，动作行云流水，哪怕车位再拥挤也能一把进，让观众看得津津有味。

其实，比起"高手进停车位"，船长停船（也就是"靠码头"）的精

彩程度可以说是有过之而无不及。电视剧《和平方舟》里记录过一个真实的例子：我国的军舰在国外遭遇了刁难，对方只留出了很小的"停车位"，让我们的军舰自己停泊。于是，船长不停下达舵令：准备右舷靠码头、两进两格、右停车、左舵十五、侧推右一、前段撇缆、后段准备撇缆、侧推停、两停车、正舵……最后完美停船。

在这个过程中，船长像指挥，不停地下达舵令，甲板部成员辅助，不停通报风力、航速和离岸的距离，轮机部成员在幕后配合动力的变化。如果说"高手进停车位"像一支精彩的独奏，那么，"船长停船"可以说是一场精彩的交响乐演出。

说起来都是停靠，停船和停车具体有哪些不一样？

4.2.1　缆绳有多重要？

在了解船舶停靠操作之前，我们先了解一下帮助船舶系靠码头的缆绳和停船的环境。

"日落当栖薄，系缆临江楼。"停船最常见的就是靠缆绳，把船舶固定在码头上的缆就叫系缆。

根据吨位不同，船会配置不同规格和数量的系缆。如图 4-6，有的船（中型舰艇）有四根系缆，有的船（大型船舶）则有六根系缆（分别在前段和后段增加首横缆与尾横缆）。顾名思义，从船头引出的就是首缆，从头往后引出的叫首倒缆，从船尾往后引的是尾缆，从后向前引的缆称尾倒缆。

水手们主要用这些缆绳来做两件事：固定船舶和辅助靠泊。

根据中国船舶靠离泊规程，撇缆上岸时，大副和二副分别在船头和船尾指挥水手带缆，同时在两头都配备足够数量的水手，三副则在驾驶台协助船长传递口令。

当船头离码头还有 40~50m 时，船长会命令大副指挥水手撇缆上

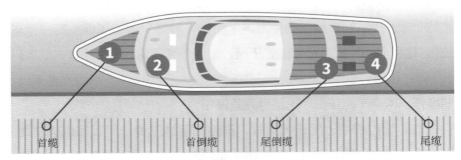

四根系缆的系带方式

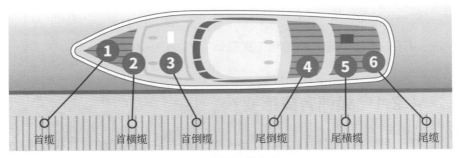

六根系缆的系带方式

图 4-6　四根系缆和六根系缆的系带方式

岸。水手会把撇缆绳抛向岸边或者别的船上（图 4-7），用来带引其他的系缆（用来把船固定到码头上的粗缆绳）。通常水手在撇缆绳尾部打一个单套结，头部连接在撇缆头（一种有重量的球体，由金属、木头、橡胶等材料制成）上，然后在空中划出一道漂亮的弧线，借助重力球将引缆绳抛向码头。

　　这时，岸上的水手会快速收起撇缆，然后系到缆桩上。收缆顺序要根据当时的情况而定，通常是先收首缆，然后是首倒缆，再配合操作船外舷的舵，短暂进车再带好尾部的缆绳，最后配合绞缆使船缓慢、平行地靠拢码头。

　　在这个过程中，船是被两种作用力共同作用拉过去的。

图 4-7　撇缆上岸

（张志友团队 / 摄）

如图 4-8，一种作用力是缆绳方向和船身成夹角，斜着拉（首尾两根缆绳）可以产生一股纵向的力量，防止船只前后移动，以及一股横向的力量把船靠向码头。另一种作用力横着拉垂直于码头的缆绳（中间），可以防止船只离开，把它拉往码头。

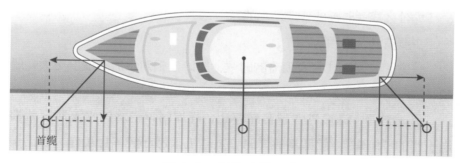

首缆

图 4-8　系缆的作用力

当缆绳的工作完成后，就把它们都系到系缆桩（图 4-9）上。系缆桩是固定在甲板上或码头边用来系缆绳的桩柱，因为使用时受力很大，所以要求基座必须十分牢固，一般由金属铸造或焊接而成。

图 4-9　码头上的系缆桩

（张志友团队／摄）

4.2.2　为什么顺水行船，但要逆水靠岸？

有一个有趣的现象：每当轮船要靠岸的时候，总是要把船头顶着流水，慢慢地向码头斜渡，再平稳地靠岸。即使原本是顺流而下的船只，到了码头也不会立刻靠岸，而要绕一个大圈子，让船变成逆水流方向行驶，才慢慢地靠岸。

为什么靠岸时需要变成逆水的方向？

主要有两个原因：

一方面，逆水或者说顶流的时候，舵叶上相对水流的速度更大，船舵对航向的控制能力较好，比较容易控制舰艇的方向。

另一方面，速度越慢越容易停止，靠岸时，逆水的水流速度就相当于船的"刹车"。船即将靠岸时，发动机虽然已经停止工作，但出于惯性，船依然有航速，加上水流的速度。如果还保持顺流，假设船速是 4 海里／时，水流的速度是 2 海里／时，顺流而下的船的实际速度就是 6 海里／时，这样的状态是很难停靠的。

当船即将停靠时，如果恰好是顺流，就需要把船变成逆流的方向，一般会绕一个大圈，掉个头，通过逆流以便更好操纵船舶靠码头的航向，并让已经变慢的船速再降下来，才能安全靠岸。另外，紧急情况下，也可以利用抛锚和主机开倒车的方式来帮助停靠。

4.2.3 不同情况下，用什么方法停靠码头更安全?

了解了缆绳和停靠环境，接下来，才真正开始"停靠"的操作。庞大的船舶接近码头时，水深变浅，对船只的操纵能力受限，这时候就非常考验船员的技术了。

船在停靠时，主要考虑水流和风的影响。接下来，我们根据 3 种常见的情况来了解如何停靠：无风无水流时，有风或水流时，有风有水流时。

先看最简单的情况：无风无水流时，也就是在没有风和水流的环境中，可见图 4-10 中小角度靠码头的示意图。如果泊位附近没有障碍，一般采取小角度靠法，这种方法最方便、安全；当泊位前后有其他船舶，或地形不能用小角度接近泊位时，就需要采用图 4-10 中的大角度靠法，为了便于操纵，也可以抛锚帮助靠泊。舰艇靠码头后，再使用车、舵、

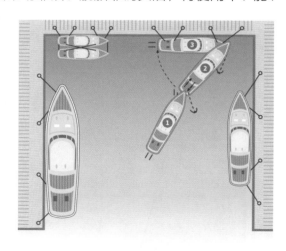

小角度靠码头   大角度靠码头

图 4-10 无风无水流停靠方法

缆等多种方式，让舰尾靠拢码头。

有风时，则要看风向。当遇到离岸风（风从码头吹向航道）时，船是被推开的，船长需要费尽力气调整船舶，克服风的阻力；当吹起拢风（使船向码头岸线挤靠的风），船会快速地横移被拉向码头，这时如果操纵不当很容易"强吻"码头，造成暴力损伤泊位设备。

有水流的情况下，靠码头的特点是存在流压，此时需要准确估计流压的影响再靠近。流中靠码头时，除了要顶流操作，当流速过大时，可抛外舷锚帮助靠泊。风和水流都可能有不同的方向，如果遇到风和水流共同作用，就更需要综合地考虑了（图4-11）。

船舶靠离港是良好船艺的完美表演，更是个系统的大工程。码头一般水域狭窄、潮流复杂、来往船只多，船舶靠泊时要综合考虑很多因素，包括根据码头朝向考虑可适用水域的大小、风流方向、高低潮时间、船舶吃水、船长船宽及载荷情况、主机马力及类型，以及需要几艘拖轮协

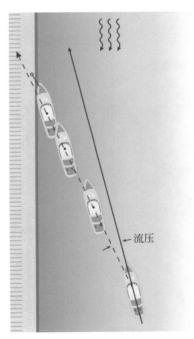

流中靠码头

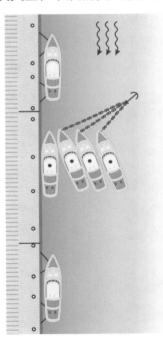

流中抛锚助靠

图4-11　有风有水流停靠方法

助等，制订周密的离泊操纵计划。另外，还需要船舶的各部门之间、船和岸之间、船和拖轮之间密切配合，才能顺利靠离。

船在大海上行驶时可能速度惊人，但靠码头却非常非常慢。顺利的话一两个小时，不顺利的话靠一天也不一定能靠上。说起来，这一点也跟汽车差不多：在停车场停车或者从停车场开出来，很可能比你在路上开的时间都长。

4.3　抛锚到底是怎么抛的？

从诞生起，一艘船就基本处于 3 种状态：在航、靠泊、锚泊。在航就是航行中的状态，靠泊是船只停靠在岸边码头的泊位上，而锚泊就是船舶在锚地抛锚暂时停留。

我们形容车子坏半路上了叫"抛锚"，其实这是借用了锚让船暂停的用法，毕竟船的历史要悠久得多。《天工开物·锤锻·锚》中有记载："凡舟行遇风难泊，则全身系命于锚。"水不断流动，船要停靠在水中，就需要船锚的帮助。

那么，真正的抛锚是怎么样的？

4.3.1　船为什么要锚泊？锚地是什么地？

船什么时候会来锚地呢？

有很多种情况。

比如，船舶提前查询前行海况不理想，为了躲避风浪，或者距离下一站港口较远，需要进行停泊休整补给；再比如，进出港的水道一般狭窄繁忙，就像犹如高速公路的出入口，而且，进出港口可能需要引水员或者岸上航泊局的指挥，有时甚至涉及海关各种检查，所以经常需要排队，这时，船就可以临时停在锚地进行等候。

　　简单说，锚地就相当于船的"临时停车场"，是供船舶安全停泊、避风防台、海关边防检查、检疫、装卸货物等作业的水域。

　　锚地一般会选在泥沙质的海底，而不是石子底质，这是为了让船获得更好的锚抓力，停得更稳。此外，水深适宜、水底平坦、有足够面积，且风、浪、流较小，便于定位的水域，都是良好锚地要具备的属性。

4.3.2　定船神锚，居然和猫还有些渊源

　　锚是确保船安全的一个重要设备，它用来固定船舶，让船不能随意漂流，因此人们将其称为"定船神锚"。

　　有趣的是，坚硬的"锚"和软萌的"猫"还有些渊源："锚"这个字看起来像"猫"，读起来也像"猫"，而且这个字在古文献中也常被写作"猫"，据说是因为人们观察到猫爪啮抓，就模仿这种现象发明了锚来啮土。

　　古代的锚往往是一块大石头，或是装满石头的篓筐，称为"碇"。人

图4-12　清院本《清明上河图》中船首挂着的四爪铁锚。现藏于台北故宫博物院

们把碇石用绳系住沉入水底，用重量拖住船来停泊。后来又有了木爪石锚，就是在石块两边系上木爪，用石头的重量加上爪子的抓力一起停船。后来出现了金属锚。中国南朝就有关于金属锚（四爪铁锚）的记载，这种锚性能优良，现在一些舢板和小船上都还在用。图 4-12 是《清明上河图》上的四爪铁锚。

4.3.3 抛锚具体怎么抛，然后怎么收回来？

船锚和船身相比差异巨大，小小的船锚是如何在海中固定住比它大千万倍的船只呢？

锚有不同的形状，我们以"有两个锚爪"的海军锚举例。抛锚时，水手通过锚机把锚从锚孔抛出去，同时放下锚链。由于重力作用，锚会重重地砸入海底。随着船的运动，锚链就会把锚爪"拽倒"，两个锚爪就会"啃"到海底的泥土中，然后船继续运动，这时锚爪的特殊设计会使它向下翻转，被船和锚链一拽，会继续向下深入"啃"入泥土，越"啃"固定得越牢。

这个过程中，不仅锚起作用，锚链也很重要（图 4-13）。锚"啃"住海底后，通常会再放上一堆锚链。锚链是由很粗的钢制成的，可以跟

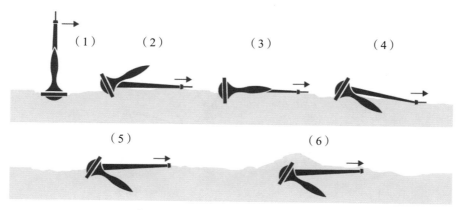

图 4-13 锚与锚链配合啃底过程

海底的泥土或沙子之间产生摩擦力，抛锚就是纯靠锚链的摩擦力和锚抓力把船"拽"住的。

锚链总重比锚大得多，它不仅能传递拉力，还能平衡船体外力。有风或浪要把船冲走的时候，锚链会收紧，原来平躺的锚链会被拉起来绷直，而锚链自身的重量也往下坠，这个重力会把船往回拉。锚链越重，惯性越大，抵抗外载荷的能力也越强；而且水越浅，锚链拉力越大。

一般来说，放出的锚链长度是水深的 3~5 倍。但是锚链过长，也会增大船的回旋范围，容易和其他抛锚船只碰撞。锚链过短，则容易向上使锚松动，失去抓地效果。

抛锚可以在船头，也可以在船尾。

船头抛锚（图 4-14）有抛单锚和双锚两种。一般情况下只抛单锚（1）即能系牢船只，只有在风浪特别大或锚地太狭小时才会选择抛双锚，如（2）（3）（4）所示。船头抛锚时，船体所受的风力、水流力及浪波冲击力等外力最小，所以这是抛锚停泊的主要方式，也是主锚布置在船头的主要原因。根据不同情况，也有船尾抛锚、首尾抛锚的方式。

锚泊也有一些讲究。比如，一定要选择正规锚地和合适锚位抛锚，而且一般会顶流抛锚，也就是逆流开船抛锚，因为这时船速可以更慢，

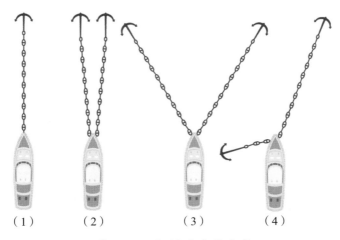

（1）　　　（2）　　　（3）　　　（4）

图 4-14　抛锚的多种方式

更有利于船舶操纵，让锚更好地抓底。当风或流比较大时，抛锚应确保船底下有足够的水深。

那么，抛出去的锚怎么收回来呢？是直接把"啃"在海底的锚给拔出来吗？

当然不是。

将海底的船锚收回来称为"起锚"。如图 4-15 所示，需要起锚时，船先向前移动，慢慢收铰锚链，在离锚较近的地方拉直锚链，锚链的拉力会把锚杆抬起来，然后锚爪随之翻转，底土被翻松，然后水手通过锚机收回锚链，直到把锚拉出水面。

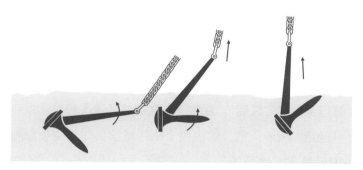

图 4-15　起锚过程

4.3.4　为什么说"千万要防走锚"？

海底是平坦的，锚钩住的东西并不固定，抛锚后，如果锚没有抓牢海底，或是在强风、急流作用下，无法固定住船了，船随风浪漂流，就好像停在坡道上的汽车没拉手刹一样隐患重重，这种现象就叫"走锚"。

一般抛锚的时候船的主机都会熄火。如果四处飘荡可能会导致船搁浅，还可能和其他船舶发生碰撞等重大的事故，是非常危险的。因此，要采取措施防止走锚，比如天气预报预测有大风浪时，水手会事先采取措施预防走锚。

一旦发生走锚，值班驾驶员需要马上报告船长和通知机舱准备主机。船长采取的第一个措施就是让大副和水手长到船头值守，并立即抛下船舶的另一只锚，以制止走锚或者减缓走锚的速度。

对于船来说，"锚"的重要性不言而喻。停船时，它是船的"定船神锚"，帮船牢固地停在指定位置，开船时，它帮船应对艰难的处境，在经过狭窄水域或需要慢速航行时，也能控制好船的方向。

不管是庞大的集装箱船还是小小渔船，锚都是不可或缺的。因此船员平时要多维护，用时既省心，又可确保它们能在需要时发挥出应有的作用。

4.4 遇到大风大浪，怎么把船开稳当？

海上航行说的"大风浪"，通常指由寒潮或热带风暴（含强热带风暴、台风）所引起的大风浪天气。这也是个相对概念。对于中小型船舶而言，8~9 级风浪就算是"大风浪"了，而对于大型船舶来说，10 级以上的风浪可能才会对船舶的安全造成威胁。

大风浪对船舶的航行安全影响很大，它会使船产生剧烈的摇摆，这不仅影响船舶的稳性、浮性和船体的强度，而且还会使船员工作困难、加速疲劳。

那么问题来了，如果遇到这样的恶劣天气，我们如何才能把船开稳当？

4.4.1 船舶的头号敌人——谐摇

19 世纪初，一队拿破仑士兵迈着威武雄壮、整齐划一的步伐，通过法国昂热市的一座大桥。大队士兵齐步走时，产生的一种频率正好与大桥的固有频率吻合，当队伍快走到桥中间时，桥梁突然自发的强烈颤动使其最终断裂坍塌，造成多人丧生。

任何物体都有自身的频率，当一个物体的固有频率和另外一个振动的频率正好相同时，物体振动的振幅可能达到最大，这种现象就是我们熟知的"共振"。发生共振时，往往会产生巨大的破坏作用。

大海中的航船也有共振的风险吗？

答案是有的。

船舶在波浪中航行有 6 种运动形式（图 4-16），分别是横摇、纵摇、艏摇、垂荡、纵荡、横荡。其中，摇和荡都属于往复运动，摇是绕 x、y、z 轴的转动，荡则是沿着 x、y、z 轴的直线运动。这 6 种运动形式其中一种或几种的固有周期与波浪的周期相近时，就会产生共振，加大船舶摇荡的幅度。

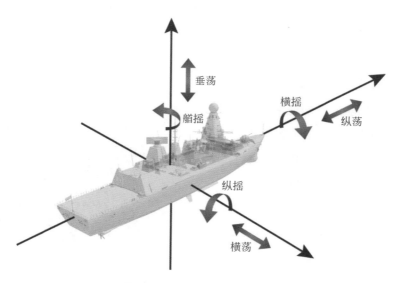

图 4-16　船舶 6 种运动形式

在这 6 种运动形式中，横摇最容易发生、幅度最大、影响最深，当横摇固有周期与波浪周期接近相等时就会产生谐摇现象，如果加大了横摇的幅度，就可能发生翻船。所以说，谐摇是船舶的头号敌人。

怎么避免发生谐摇呢？那就需要主动改变船的摇摆周期。比如，波浪运动周期是 7~9s，那我们就适当调整航向、航速，避开这个周期，使船横摇的周期控制在 5s 以下或 11s 以上，就可以避免发生谐摇。

如果船头受浪，而纵摇周期等于波浪周期时，强烈的纵摇会使甲板大量上浪，造成拍底现象。什么是拍底现象呢？就是船头升起又下落时，刚好撞上正在向上翻涌的波浪，往往伴随着船体和波浪的撞击声，同时可能会引起船体的震动和摇晃。为了减少激烈的纵摇，通常采取滞航（减速或慢速顶风航行）的方式，必要时应调整航线，避开海况恶劣的区域。

4.4.2 "Z 字航法"来应对

我们都知道：两点之间直线最短。可是为了应付风浪，船有时候要走 Z 字形路线（图 4-17）。在大风浪中，无论波向角（船头向与波向的交角，有顶浪、偏顶浪、横浪、偏顺浪和顺浪等）如何，都会给船带来危险。

如果在航线上遭遇顶浪或偏顶浪，波浪与船的相对速度较大，波浪对船体的冲击也较大，严重时，会造成船舶大幅度横摇、甲板大量上浪以及拍底、螺旋桨空转等。

所以，顶浪航行时一般要降低船速和调整航向，而采用 Z 字航法是最有效的方法，也就是使船头向与波浪方向成 20°~40° 的夹角航行一段距离，再改为船头另一舷 20°~40° 的受浪角的斜浪航行法。这样既可以保证一定的航速，又可以减轻船舶的摇

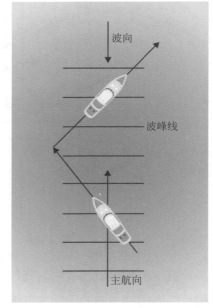

图 4-17　Z 字航法

摆幅度。

Z 字航法一般适用于中大型船舶，特别是大型集装箱船舶。对于小型船舶或经不起波浪冲击的船舶，要改用"漂滞"方法。顾名思义，这是船舶主机停止、船舶随风浪漂流的状态。

4.4.3 当海啸来袭，为什么反往海中走？

2004 年 12 月 26 日，位于印度尼西亚苏门答腊以北的安达曼海（Andaman Sea）附近的海底发生了举世震惊的 9.3 级地震，进而引起苏门答腊北部的印度洋超级海啸。海啸引起了滔天巨浪，浪高超过 10m，造成巨大的人员伤亡和财产损失。

期间，一艘散货船正靠在印度南方的金奈港（Chennai Port）卸货，正当船长在船舷观察水尺（用来观测地下水位和潮汐水位变化的标尺）回到舷梯上时，突然，整个大地和码头剧烈地摇晃起来，人站不稳了，舷边的船用起重机也在危险地晃动。此时，船长大叫梯口的水手，同时一个箭步跳上舷梯："快，地震了，主机备车！"

此刻整个码头都响起了警报，船长奔上驾驶台，迅速和港口当局联系要求派引水员离开码头，可是通信完全中断了。关键时刻，船长毫不犹豫，立即命水手解缆，快速登船。轮机长备车完成，在没有拖轮协助的情况下，调转船头迅速向港外开去。刚刚离开码头，船用起重机就坍塌在原来泊位的海里了。

船长知道地震后势必引发海啸，他命令船舶加速驶向深海。2 小时后，散货船已经在离开港口 20 多海里的广阔洋面上了。此时的金奈港内一片狼藉，巨大的涌浪推向海岸后，没有离开码头的船舶全都东倒西歪地躺在泊位上。

为什么发生海啸了，那位散货船的船长还要把船开到广阔的海洋上去呢？

英明的船长肯定是很了解海啸的：海啸中心只要没有不规则的巨浪来直接破坏船只，就是安全的，就跟大家日常说的"龙卷风的风眼里最安全"是一样的道理。

海啸是由水下地震、火山爆发或水下塌陷、滑坡所激起的巨浪。一般来说，如果海啸的能量在对外传递、扩散过程中仅抬高水层，即便是抬高水平面10多米，只要海浪不直接冲击船舶，那么在广阔的海洋上，船仍然处于良好的浮力、良好的稳性状态，船会安全地浮在水面上，只是"水涨船高"了而已。

所以遇到海啸时，船应该迅速远离陆地，远离海啸发生地航行。如果来不及躲，也应该紧急采取双锚泊方式减少波浪冲击，保持船体稳定，一旦海面恢复平静，要尽快向外海航行。

帕斯卡说："人只不过是一根芦苇，是自然界里最脆弱的东西；但他是一根会思考的芦苇。……我们周围的世界广阔无限，但都比不上最渺小的人类所具有的精神。"

其实，这个道理也可以借用到行船上。在无边的大海上，钢铁巨轮也会变成一叶小舟，脆弱又飘摇。好在，驾驭船的人会思考，会总结经验，会反思教训，再将这些凝结为智慧和勇气，去应对和战胜风浪。航海可以说就是这样一项事业。

4.5 浅水、岸边……在这些受限水域，如何安全行船？

顾名思义，受限水域就是"在这里，船舶不能随心所欲航行"的水域。受限制的情况有很多种，如有时因为水浅或道窄，有时候则是因为船太大。如果船太大，吃水太深，水域本身不够宽，水不够深，船就很难进行变向和变速等操作。

船长们也很熟悉这些地方了。比如，进出港口的航道，某个狭窄的海峡或某条运河，或者通过一座大桥下面的时候，或者有时候走到养殖区附近，都需要格外小心。

接下来，我们介绍几种可能遇到的常见危险。

4.5.1　浅水效应：水越浅船越容易下沉

俗话说："龙困浅滩遭虾戏。"当船驶入浅水区域时，"浅水效应"会导致船速下降，有时还会面临风险。

水浅时，船浸在水里的深度（也就是吃水，与船体的质量、水的密度、水域都有关系）越来越接近航道的水深，船底也越来越接近水底，船底压力降低。这种情况下，船会下沉，吃水更深，摩擦阻力更大，在同样的动力下，船速会变得更低，而且水流的紊乱还会导致舵力下降和螺旋桨的推进效率下降；另外，在水深不足时，船还可能触底，造成船底破损。

浅水效应发生时，就好像水下有巨兽在把船拽向海底，水越浅，这种现象越明显。因此，在通过浅滩时，船长和驾驶员要适当地控制船速、正确使用各种助航设备，确保船舶在浅水中航行安全，甚至在接到航行任务时就要全面考虑和分析，提前做好通过浅水区域的各项安全准备工作。

4.5.2　岸壁效应：船头被推开，船尾被拉住

我们常常会觉得，船在岸边最安全。其实这感觉并非全对。

事实上，靠岸停着很好，但是，靠岸航行可就危险了。因为"岸壁效应"可能会带来一些麻烦。

举个例子，2021 年 3 月 24 号，"长赐"号巨型集装箱船在有着"欧亚大动脉"之称的苏伊士运河搁浅，超过 200 艘轮船卡在了河道里，在被困整整 6 天 6 夜后才再次通行。据统计，"长赐"号搁浅带来的整体

损失可达每天 100 亿美金，而造成搁浅的可能的原因之一就是岸壁效应（bank effect）。

岸壁效应是一种综合的效应，包括发生在船头的岸推效应和发生在船尾的岸吸效应。你可以想象一下，前进时，船头会把水"劈开"，并推往两边，但是靠岸的那边因为有岸挡住，水推不开去，形成了高水位，而另外一边水扩散得很快，水位比较低，就这样，船头一边水高一边水低，船头就会往水低的那边偏，就好像被岸"推"走了。

而船尾则相反。靠岸航行时，船体与岸之间流速增大，中间就形成了低压区。船尾的螺旋桨不断地吸入和排出水流，但中间那个低压区的水补充不过来，导致船尾附近水位下降，压力比外舷低，就会逐渐靠近岸边，仿佛被岸"吸"过去了。

越靠近岸边，水越浅，航道越狭窄，或是当航速越快，船体越"肥胖"，岸吸和岸推效应就越明显。像"长赐"号这种巨轮一旦卡住，是很难被拉回航道中间的。此前网上曾流传一张照片，一辆小挖掘机在搁浅的"长赐"号船头挖沙，看起来就像蚂蚁在大象脚下工作，实在是力有不逮。

岸壁效应（图 4-18）就像一把双刃剑：岸给船以保护，却也阻止船更好地前行。所以，大船过小道时，需要特别留心，别让船和河岸或其他船靠得太近，速度也不能太快，要尽量沿着河道中心线行驶。

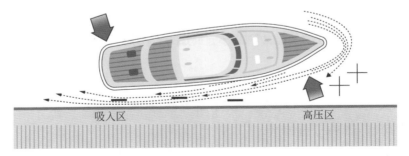

图 4-18 岸推和岸吸正好形成一个力偶，结果使船头转向航道中央，而
　　　　船尾迅速向岸边吸拢

4.5.3 除了岸吸，还有船吸

2019年2月5日，隶属于美国海军"林肯"号航母战斗群（Abraham Lincoln aircraft carrier battle group）的"莱特湾"号导弹巡洋舰（CG-55 USS Leyte Gulf）与"罗伯特·皮尔里"号弹药补给船（T-AKE 5 USNS Robert E. Peary）在佛罗里达州外海发生碰撞，造成两舰受损。当时"林肯"号航母战斗群正执行演习任务，"罗伯特·皮尔里"号在为"莱特湾"号补充弹药。在此过程中，补给船偏离航线，突然撞向"莱特湾"号巡洋舰。

为什么会发生"自己人撞上自己人"的事故？

这里的罪魁祸首就是"船吸"现象。

要理解这种现象，你可以用两张纸做个小实验：一手拿一张，先平行放，然后对着空隙吹气，之后两张纸会合拢。这就是大气压力作用的结果。

如图4-19所示，两艘并行的船就像这两张纸，因为两船中间的水流比外侧快很多，所以船中间的水压会比两船外侧的水压低很多，这种压力差就会导致两艘船越靠越近，甚至撞到一起。

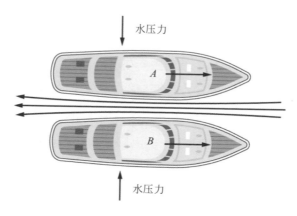

图4-19 船吸现象

事故里的补给船长度超过 200m，巡洋舰也有 100 多米长，它们采取的是横向补给方式，两船之间的间隔也就四五十米，水压推动它们互相靠近。在补给过程中既要保持军舰向前航行，又要不时地向外打舵，克服"船吸"现象，操作上稍有差池便有相撞的风险。因此，海上补给出人意料地成了和平时期最具危险性的航行任务之一。

当然，除了前文提及的横向补给，海上补给方式还有纵向补给和垂直补给。从安全性上看，垂直补给安全性最高，纵向补给次之。就是因为有船吸现象，所以横向补给是安全性最差的。

浅水效应、岸吸（岸推）现象、船吸现象，这些都是流体力学中伯努利原理（流速增大使压强减小）的派生，也是船舶在航行过程中很容易遇到的危险场景。驾驶人员需要全面研究分析水道情况，注意避让，解决好船舶的操纵问题。

毕竟，有句老话说得好：小心驶得万年船。

4.6 灯光、鸣笛、打旗语……在海上，如何避免交通事故？

开车的时候难免发生剐蹭，毕竟车道那么窄，车又那么多。那船呢？航行驶在广阔的海洋中，是否就自由自在了？

其实，船面临的"路况"可能要更复杂一点。你以为的行船可能是"潮平两岸阔，风正一帆悬"，而事实上的行船并非如此。如果你看过那种网页显示的实时全球船舶动态，在一些港口处，放眼看去一片绿色，仔细看，一片绿色其实是密密麻麻很多小绿点，每个小绿点都代表一艘船。毕竟，在近岸航行时，一个显著特点就是"船多"。

其实，即使在远岸航行，海面广阔，船也不能完全随意驰骋，而是要考虑安全性和经济性。为了躲避海上的碍航物，并且以最小的成本航行最远的距离，船舶一般都有固定航线；另外，船舶最后都要汇聚到港口来停靠。

随着海上交通发展，船舶越来越多，特定航线上的船也变得密集，就像拥堵路段容易发生车辆别蹭一样，那些繁忙的航线或繁忙的港口附近，也难免发生船舶之间的碰撞事故。船舶之间的碰撞可不是闹着玩的，往往会造成船体破损进水甚至沉没，除了经济损失，有时还会导致人员伤亡。

这时候，遵守交通规则和及时沟通就显得格外重要了。

4.6.1　是的，船在海上也要遵循"海上交规"

海上交规的全名叫《1972 年国际海上避碰规则》（International Regulations for Preventing Collisions at Sea, 1972），是国际海事组织与各国协商制定的规范，于 1977 年 7 月 15 日正式生效，大家共同遵守。

这个规则最早可以追溯到 1948 年。当时，为避免海上事故发生，政府间海事协商组织制定《国际海上人命安全公约》文本时，专门列了一个第二附件，叫作《国际海上避碰规则》，明确了海上交通的有关定义、号灯、标记、驾驶及航行规则。我国于 1957 年宣布接受该规则。此后，这个附件又经过了多次修订，成为正式的《1972 年国际海上避碰规则》（以下简称《避碰规则》），也是现在世界海洋航行的基本规则之一。

《避碰规则》不仅是技术上的总结和指导，也是法律规范。在碰撞发生前，《避碰规则》可以作为行动指南，如果发生了碰撞，它也是判定责任的重要依据。比如，船上要配备什么样的信号灯、信号旗、声响，在遇到需要交流的情况下如何进行有效表达，再比如，两条船交叉相遇时，谁要让谁、怎么让，等等，都可以参照这份规则。

那么，有了规则和规范，遵守它就够了吗？

没这么简单。

海上交通有其特殊性，全球各国的舰船都在海洋上航行，出于对各个国家主权的尊重，《避碰规则》允许各国对自己管辖的水域制定适当的避碰规定，即"特殊规则"，也称"地方规则"。我们国家的规则由海事局制定，只针对港外锚地、港口、内陆水道等特殊水域。

那么，什么时候用哪个规则？一般来说，优先适用"特殊规则"。两则不一致时，执行"特殊规则"。如果"特殊规则"没有规定的，则遵守《避碰规则》。换句话说，先遵守地方规定再符合国际要求。所以，如果有机会乘船出外旅行，你也可以观察一下，在其他国家的航道里，游轮或者商船是不是有不同的规则，它们用的灯或旗帜是不是跟国内的有所差异。

4.6.2 船和船之间怎么交流？

1. 灯光也有语言

在交流过程中，人有人言，灯有灯语。比如，开车的时候，转弯要打转向灯。

海上交通也一样。在海上，灯光既是航海者的陪伴，也是船只的语言。

海上航行所用的灯比较多样，有不同的形状、颜色，就像语言的不同词汇和声调。呈现颜色、强度和光弧的是号灯，有白、绿、红、黄等颜色；呈现形状的叫号型，是指球体、圆锥体、圆柱体和菱形体等黑色形体。将号灯与号型配合使用，就可以表达比较复杂的意思了，如船的种类、大小、动态和工作性质。

根据《避碰规则》，日落后到日出前，或者虽有日出但能见度较差，以及其他光线较暗的时候，就要打开号灯，而号型则是白天也要悬挂。

先说号灯，最普遍的号灯就是航行灯（图4-20），分别位于船的前后左右。很容易想象，前后左右最容易被看见，也就容易传递信息。

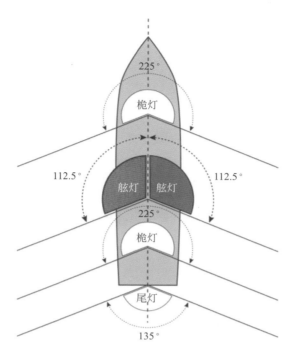

图 4-20　船舶航行灯

在船舶的前部最为明显的白灯，叫作桅灯，它会在 225° 的水平弧内显示不间断的灯光，晚上可以清楚地让对方船只看到自己。挂什么样的桅灯跟船的长度也有关系，长度以 50m 为界。当船长大于 50m 时，要挂两盏桅灯，前面一盏（前桅灯），然后高于桅杆处再来一盏（后桅灯）（见图 4-21 和图 4-22）。

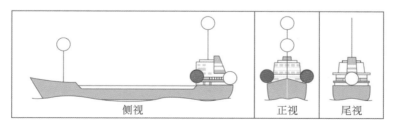

图 4-21　图中号灯表示：这是一艘船长超过 50m 的船

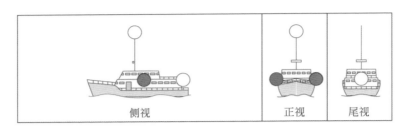

侧视　　　　正视　尾视

图 4-22　图中号灯表示：这是一艘不到 50m 的船（当船长小于 50m 时，后桅灯可以显示，但不强制要求）

还有红绿灯，但并不是公路上那种让你停或者走的交通信号灯，而是船舷边的舷灯，左边是红灯，右边是绿灯，它们各在 112.5° 的水平弧内显示不间断的灯光，它们是用来告诉其他船只本船的状态，交叉相遇的时候需要看舷灯来判断。

跟汽车一样，船也有尾灯。尾灯是白灯，位置尽可能靠近船尾，会从船的正后方显示 135° 的水平光弧。它是用来告诉其他船本船的状态，交叉相遇的时候，也需要看尾灯来做判断。

这些灯光明亮，照射范围广，不管是打给别的船看或是看其他船的灯，都很方便。比如，你看到前面有白色尾灯，就知道前方有船；如果同时看见红绿灯，就知道船在你的正前方航行；如果只看到红灯，前面的船就在你的右边；只见绿灯，前面的船就在你的左边。

船上经常会讲"红灯会"，就是表示两船相遇时是双方的左舷交错而过，"绿灯会"就是都是右舷过。就这样，通过看灯交流，夜间也可以安全航行了。

除航行灯外，号灯还包括环照灯、拖带灯、闪光灯、锚灯等。

如果船失去控制，要在最显眼的地方，垂直显示两盏环照红灯，白天则悬挂两个黑色球体。这种情况下如果船还在对水移动，还要显示两盏舷灯、一盏尾灯（图 4-23 右）。

如果船抛锚（图 4-24）了，晚上的话，要在船的前部显示一盏环照白灯、在船尾或接近船尾处显示一盏环照白灯。这里虽然都是环照的

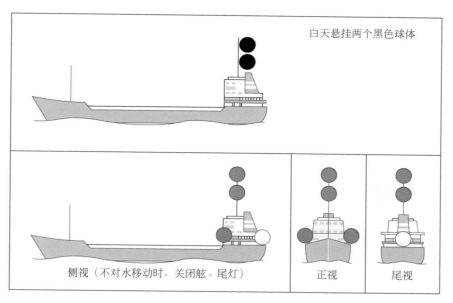

白天悬挂两个黑色球体

侧视（不对水移动时，关闭舷、尾灯）　　正视　　尾视

图 4-23　图中的船表示："我失去控制了！"

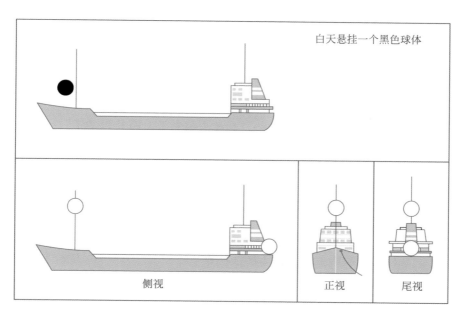

白天悬挂一个黑色球体

侧视　　正视　　尾视

图 4-24　图中的船表示："我抛锚了！"

151

白灯，但跟之前说的 225° 和 135° 照射的不一样，因为处于抛锚的情况下，所以需要让四面的船都知道你的所在，避免碰撞。

如果船搁浅，情况相当于失去控制加上抛锚（图 4-25），所以要结合前面两种情况的打灯：最显眼的地方两盏环照红灯，前部一盏环照白灯，船尾处一盏环照白灯。

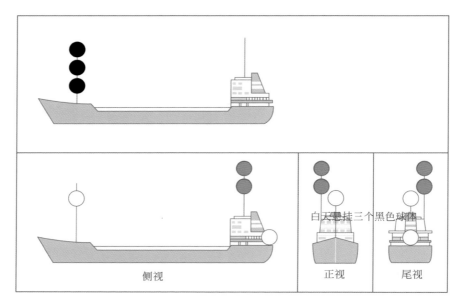

白天悬挂三个黑色球体

侧视　　正视　　尾视

图 4-25　图中的船表示："我失去控制了，而且抛锚了"

以上是几种常见情况的号灯号型。是不是觉得有点复杂？实际上，船员要掌握的比这还多得多。

白天、夜间、晨昏期间因为光照不同，对灯的显示也有不同要求。还有操纵能力受到限制的船、限于吃水的船、装载危险品的船、引航船等不同的情况都会有相应的灯来传达信息。

要成为合格的船员，这些不同灯光的含义和组合必须全部都记牢了，才能保证船的航行安全。

2. 听，船舶发出的声音

除了看灯，船之间的交流还可以靠鸣笛。

船与船之间相遇时要鸣笛，船舶进港、出港时也要鸣笛，雾航时更需要鸣笛……在社科学者眼中，此起彼伏的鸣笛声是港口码头独特的声音景观，而在船员眼里，鸣笛声可是重要的信息传播工具，通过船只之间、船港之间、驾驶人员之间的沟通交流，可以有效避免或减少海损事故的发生。

船的鸣笛声来自汽笛（图 4-26）。汽笛就是一种喇叭，将蒸汽和空气大量灌入一个空洞的装置中，然后让它们通过一个狭窄的出气口，出口还设置了薄薄的铜片薄膜，这样大量蒸汽在压力影响下，从窄口涌出，位于出口的铜片会产生剧烈且频繁的振动，于是产生了鸣笛声。同时，汽笛里还有一个圆润修长的金属空腔，让本就剧烈振动的铜片，爆发出更强烈的中低频声响，就像浑厚的男中音或男低音，频率越低，在空气中传播时能量衰减越小，所以即使距离很远也能听到。

船的鸣笛声有长有短，不同的鸣笛声有不同的长短和节奏，其中藏着独特的含义。

比如，"短声"是指历时约 1s 的笛声。"1 短"和"2 短"分别表示"我船正在向右转向"和"我船正在向左转向"，"3 短"表示"我船正在向后推进"，"5 短"的意思则是怀疑对方是否已经采取充分避让行动，并警告对方注意。

再比如，"长声"是指历时 4~6s 的笛声。"1 长"的意思是"我船将要离泊或我船将要横越，要求来船或者附近船舶注意"，"2 长"则表示"我船要靠泊或者我船要求通过船闸"。

而当长声组合与短声组合放在一起，又可以组合出不同的意思。比如，"2 长 1 短"表示"追越船要求从前船右舷通过"，"2 长 2 短"则是"追越船要求从前船左舷通过"。这种组合的声号，组与组声号的间隔时间约为 6s，每组内笛声的间隔时间约为 1s。

图 4-26　船上的汽笛

（张志友团队 / 摄）

　　下次，如果在港口听到鸣笛，你也可以对照辨识一下，看那艘船是要掉头还是在警示。

　　除了上面列举的常规鸣笛，在海军礼仪中，还有一种极其特殊的鸣笛，是向扫雷舰鸣笛（或吹哨）致敬。扫雷舰虽然只是几百吨的小军舰，但即使航母遇上它也要鸣笛致敬。因为反水雷是当今世界海战三大难题之一，扫雷舰常年和可怕的水雷接触，参与扫雷的军舰和人员本身的危险系数极高。所以，按照国际海军礼仪：所有舰艇无论吨位多大、级别多高，在海上遇到扫雷艇时，都要向它鸣笛致敬。

3. 信号旗也能对话

与号灯和汽笛声相比，旗帜的含义更丰富，因为旗帜可以代表字母或者数字，其实就跟我们平常的字一样，可以组成很多词句，自然也可以用来通信。

比方说，如果前方来了一艘船，要想知道它是谁，就可以通过看旗子的方式。

为了便于管理船舶，每艘船都有自己的名字。随着工业革命的兴起，船越来越大，我们需要在很远处就看清楚船名，于是开始有了船名旗，用不同的旗帜各代表一个字母或数字，把代表船名的旗帜悬挂在大桅上来显示船名，这样比看船名更醒目、更好识别。以前可能要近到 100m 才能看清楚船名，而且只能在特定角度看，现在有了挂旗，再加上望远镜观测，就可以从千米之外、任何角度都能知道前方来的船是谁了。

信号旗（图 4-27）通信至今已有 400 多年的历史了。在没有无线电台、无线电话、卫星电话和手提电话的年代，信号旗相当有用。早期信号旗的样式和使用方法，虽然各个国家、地域、船队等规定都有不同，

图 4-27　船上的信号旗

（张志友团队 / 摄）

但它是最简便、最可靠的通信手段，船与船之间，船与岸之间，都用信号旗来沟通。

  1855 年，英国海外贸易局起草了国际信号旗的草案，随后将其作为一种海上通信的手段于 1857 年对外公布。这个信号旗系统一出现，就受到世界主要航海国的重视和采纳。第一次世界大战后，英国政府提议修订《万国通信书》。1930 年完成修订后，1934 年 1 月 1 日起正式使用，国际信号旗由此诞生。

  1965 年，国际海事组织对国际信号旗进行了第 4 次修订，并收录了先进的无线电通信信号，于 1969 年 1 月 1 日正式生效。经历 100 多年的总结和完善，这个信号旗系统最终演变成为我们现在见到的国际信号旗，至今仍在继续使用。我国根据国际海事组织的要求，在 1976 年制定了国际信号旗国家标准，详细规定了制作国际信号旗的各项标准和要求。

  图 4-28 呈现了色彩绚烂的国际信号旗。这些旗一共 5 个颜色：红、

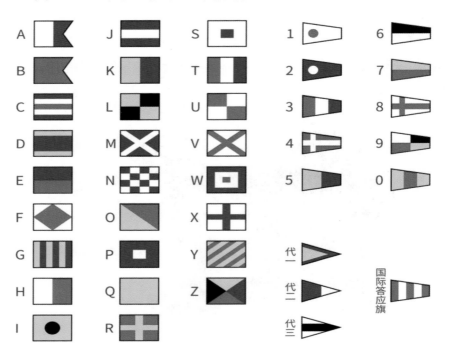

图 4-28　国际信号旗

黄、蓝、白、黑。

　　表示 26 个字母的字母旗是长方形和燕尾形的、10 面表示数字的是
梯形的，还有代用旗用来代替字母或者数字，是 3 面三角形的，答应旗
是梯形的。一套旗一共 40 面。它们会放在专门的旗箱（图 4-29）中对
应的格子里，方便使用。

图 4-29　船上的信号旗旗箱
（张志友团队 / 摄）

　　五颜六色的国际信号旗，可以单面独立使用，也可以几面一起组
合使用，用来表达内涵丰富的各种意义。当然了，这些表达都要遵守
《1969 年国际信号规则》（International Code of Signals，1969），这
样沟通双方都能按照规则理解对方的意思。

　　通常来说，悬挂单面信号旗往往表示最紧急、最重要或最常用的信
息，两面信号旗组合则表示一般通用信息，而三面信号旗组合中，由信
号旗"M"开头的属于医疗部分的信息。

　　下面介绍一下各种单面信号旗的含义（图 4-30）。

A　我下面有潜水员，请慢速远离我

B　我船正在装、卸或运载危险货物

C　是（表示许可）

D　我操纵困难，请避开我

E　我正在向右转向

F　我机器失灵，请和我船联络

G　我需要引航员

H　我船上有引航员

I　我正在向左转向

J　我船失火，并且船上有危险货物，请远离我

K　我希望与你通信

L　你应立即停船

M　我船已停，并已没有对水速度

图 4-30　单面信号旗含义（部分）

字母旗和数字旗组合使用（图 4-31），一般由 2～ 4 面信号旗组成，按照《1969 年国际信号规则》能组合出将近 2000 种意思，比如：

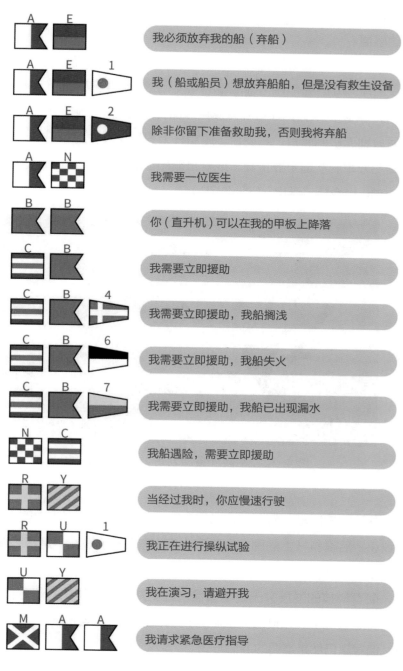

我必须放弃我的船（弃船）

我（船或船员）想放弃船舶，但是没有救生设备

除非你留下准备救助我，否则我将弃船

我需要一位医生

你（直升机）可以在我的甲板上降落

我需要立即援助

我需要立即援助，我船搁浅

我需要立即援助，我船失火

我需要立即援助，我船已出现漏水

我船遇险，需要立即援助

当经过我时，你应慢速行驶

我正在进行操纵试验

我在演习，请避开我

我请求紧急医疗指导

图 4-31　多面信号旗含义（部分）

除了航行需要交流的信息，在一些节日或庆典时，旗语还可以用来表达感情。

比如，我们国家的国庆节，停泊在港口的商船或军舰都应挂"满旗"致庆。挂"满旗"是船舶上最隆重的礼仪，就是将船上所有的信号旗以"两方一尖"（两面长方形旗或燕尾旗接一面三角旗或梯形旗）的方式，从前到后分别连接到船首、驾驶台、尾旗杆上悬挂，在主桅顶升挂国旗。如果商船或军舰欢迎重要贵宾，或者是船舶首航，以及参加其他重要国事活动时，也会挂"满旗"（图4-32）。

图 4-32　参加外务活动时挂满旗的舰船

（图片来源：南海舰队）

除了欢庆时刻，旗语也可以用在哀悼时刻。比如，向与世长辞的领袖致哀，后桅斜杆上的国旗会降下半旗；向人表示敬礼，是将国旗下降 1/3，然后拉到顶。

随着科技的发展，无线电通信已经逐渐代替了传统的船舶信号旗。但在特定情况下，如遭遇海上恶劣天气，或者无线电通信设备发生故障时，信号旗仍然是重要的通信方式。

同时，信号旗也是航海文化的重要组成部分，具有深厚的历史和文化底蕴，在军事领域，船舶信号旗具有保密性强等优点。因此，在一些特定场合下，船舶信号旗仍然具有重要的意义和价值。

为了让船舶避免碰撞，航海者们不仅想出了这些花样繁多的海上沟通方式，还在此基础上衍生出了一些独特的礼仪文化，不仅满足了最基本的航海安全，还能由此彰显一些独属于人类的高级情感。

从某种角度看，这很像一种隐喻。不管是信号旗还是信号灯或汽笛声，本质上都是沟通信息的媒介。沟通最初是为了掌握环境信息并带来安全感，而在沟通的过程中，又会慢慢发展出更高级的情感，这也是人类智慧的一种花样体现吧。

第5章
不可或缺的"我"

　　无论船舶发展得多么先进，归根结底，航海活动的主角还是人——无畏探索的"航海人"。航行需要高超的技能和强大的勇气，只有真正意义上的各司其职，才能到达"彼岸"。因此在海上，"风雨同舟"和"同舟共济"不只是默契可靠的象征词汇，更是扎扎实实的字面意思。

5.1　要航海，船上要带齐哪些人？大家如何分工？

要航海，离不开很多技术要素：船、导航、航海图……但归根到底，航海活动的主角还是人，无畏探索的航海人。

一旦上了船，这艘船就是"我们的船"，我们将在此完美履行自己的职责，各司其职，乘风破浪，只有真正意义上做到同舟共济，才能到达成功的彼岸。

5.1.1　船员有多重要？

前国际海事组织秘书长米乔普勒斯（E.E. Mitropoulos）曾这样评价船员这个职业："没有船员对人类和世界的贡献，世界将有一半的人要受冻，另一半人会挨饿。"

船员承担着非常重大的经济责任，对于保证国家财产安全具有非常重要的作用。还有一些上岸的船员，被国外公司、船级社、船旗国等国际航运组织聘用，也在占领国际劳务市场，为国家赚取外汇。这些人占据的平台又会带动国内修造船、备件物料以及检验等方面的就业和发展。

世界贸易中有大约 80% 的运输量都是通过海上进行运输的，那些船员们为之辛劳工作的船和集装箱里，既包括支撑世界运转的能源，如原油，也包括老百姓过日子需要的海外原产地生鲜和海淘快递。

除了为经济和社会作出巨大贡献，保证国际航运业的运行安全、环保外，船员还是海军的后备力量。

美国独立战争期间，美国海军还十分弱小，仅仅是由一些性能落后的舰艇临时拼凑而成的，在其规模最大的时候也只有 64 条船，而且绝大部分都是小型船只。

理论上，相对于大英帝国的皇家海军来说，这些小船不值一提。但是看看美国的情况，就知道事实并非如此。美国有许多经验丰富的水手，他们此前一直在商船上工作，而后改装了船只和海军并肩作战，为祖国奋勇拼搏。这些改装后的武装民船共有 1697 艘，专门攻击英军船只。水手们凭借英雄主义和大无畏的牺牲精神，极大地支援了美国海军的作战行动，为美国最后取得独立战争的胜利作出了非常重要的贡献。

中国也有许多这样的英雄故事。在世界反法西斯战争和抗日战争中，国外和国内两个战场，都有中国船员的身影，他们积极参加战斗，出生入死、不怕牺牲，为中国人民夺取抗战的胜利，为反法西斯战争胜利作出了重要的贡献。

船员也是其他航运重要岗位的基础。像国际一流航运公司的船长和轮机长，这些有国际视野、得到国际认可的专业复合型人才，都是从基层船员做起，经过了长期实践，他们在船上是技术和管理的权威，在国外的各个航运组织中能够得到广泛的尊重和重用，而当这些经验丰富的船员不再在船上工作后，就可以在陆地上从事引航员、验船师、各类检查官、海事院校教师、船舶设备研究机构顾问或航运公司管理人员等工作。

5.1.2 船上的固定班底有哪些？

首先要明确一下，军舰和民船上的人员配额与分工有较大的区别，需要分开来做介绍。

1. 军舰

军舰上的人员配置和分工是极为重要的工作，只有合理的人员配置和科学分工，才能保障军舰安全以及有效的执行任务（图 5-1 ）。

一般来说，军舰上的人员分为军官和士兵，并根据不同职责分别分配在不同的工作岗位上。

图 5-1　护航编队圆满完成任务返回

（图片来源：南海舰队）

军官在军舰上担负着军事指挥、作战决策、部门管理等重要职责（图 5-2）。

职务	职责
舰长（军舰上的最高指挥官）	指挥全舰行动、作战决策和舰员管理等
政治委员	宣传思想政治工作和维护军纪等
副舰长（舰长的得力助手）	舰内指挥调度和部门管理等
枪炮长	舰艇炮，机枪等武器装备的使用、指挥、维护等
航海长	制定航海路线、舰艇导航保障等
通信长	舰艇之间通信工作、信号通信传递等
军需	物资保障、维修保养等

图 5-2　军官的职务与职责

以上各个岗位，会随着舰艇级别、吨位的不同有所调整。当舰艇级别较高时，会根据舰艇装备情况增加岗位，如负责协调各作战行动指挥的作战长；也会将某些岗位的任务细分，如会专门设置负责气象保障的副航海长等。而当舰艇级别较低时，岗位则会出现兼任情况，如航通长，就是既负责航海工作，又负责通信工作。

士兵是军舰上的执行者，主要根据技能和职责分在各种不同的工作岗位（图 5-3）。

职务	职责
武器装备人员	战斗的关键人员,包括武器等各型装备的维护和使用人员
航海人员	负责航海工作的人员,主要包括舵手、导航仪器操作员等
通信人员	负责通信联络的人员,主要包括通信员、电子对抗人员等
帆缆人员	舰艇离靠码头等帆缆和机械操纵、索具维护保养等
勤务保障人员	提供舰上饮食、文书等保障性工作

图 5-3　士兵的职务与职责

2. 民船

民船（图 5-4）的船员分类方法多种多样，通常按航行区域、职务、责任级别和部门分类。

图 5-4　停靠在码头的各种民船

（张志友团队 / 摄）

比如，根据服务船舶航行区域不同，船员可分为海船船员和内河船员；海船船员可以根据适任证书等级分为无限航区（指海上任何通航水域）、近洋航区和沿海航区船员。

再比如，根据服务船舶的吨位或主推进动力装置功率的不同：无限航区的船长驾驶员、轮机长和轮机员又分为一等和二等，沿海航区的船长、驾驶员、轮机长和轮机员又分为一等、二等和三等。其中，一等证书适用于 3000 总吨及以上或者主推进动力装置 3000kW 及以上的船舶；二等证书适用于 500 总吨及以上至 3000 总吨或者主推进动力装置

750kW 及以上至 3000kW 的船舶；三等证书适用于未满 500 总吨或者主推进动力装置未满 750kW 的船舶。

　　按照职务，船员又可分为船长、高级船员和普通船员。船长就是全船负责人；高级船员包括甲板部的大副、二副、三副，轮机部的轮机长、大管轮、二管轮、三管轮；而普通船员则包括水手长、水手、机工长、机工还有大厨、厨工和服务员等，属于国企的船舶一般还配备政委。

　　按照职能，船上通常分为 3 个部门：甲板部、轮机部和事务部。船长会全面负责船舶各部门事务，确保船舶航行安全。不过，现在为了精减人员，极少数国企保留事务部，只有中、远海船上有，其他船上不单独设置事务部。

　　以下是船长职能以及甲板部和轮机部的工作介绍（图 5-5）。

船长

是船上的最高指挥官，对全船和船东(船公司)负责。船长的任职资历要求很高，一般要求是海事院校航海专业毕业，而且需要至少海上5~8年的管理资历、丰富的航海经验、扎实的计算机知识、操作导航经验、操作导航电子设备技能，以及流利的英语口语交流能力并能够书写和阅读英文文书。

甲板部	轮机部	事务部
负责船舶安全航行、停泊以及与外界联系的部门，通常由大副、二副、三副、水手长及水手等人员组成。	主要负责轮机操作和维修工作，通常由轮机长、大管轮、二管轮、三管轮和机工等人员组成。	主要负责全船人员的伙食、生活服务和财务等工作。在船上吃到的饭菜，都是由事务部的厨师们经手的。

甲板部

大副

甲板部的老大，当船长因故不能履行职务时，代理船长职务，同时主要负责货物安全、航行中调整船舶的压载水等相关工作。大副、二副、三副在驾驶台轮流当值，也就是船舶的驾驶员。

水手长	二副	三副
水手长带领水手进行甲板的维修保养、负责船上货物和人员的安全。	除了驾驶，还负责海图、图书资料及航海仪器等。	作为初级驾驶员，需要负责消防、救生及灭火设备的管理和维护等。

图 5-5　船长职能及甲板部和轮机部工作介绍

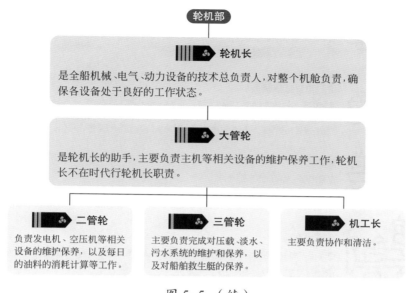

图 5-5 （续）

5.1.3 不同的船上，怎么搭配不同的角色？

船有很多种类，除了军舰，还有很多不同用途的民船，有运输货物的，有去环游世界的，有去极地进行科学考察的，还有执行海上救援任务的。不同类型的船有不同的功能和使用场景，自然也需要不同的船员组成来操纵和维护。

以下是一些常见民用船舶类型和相应的人员配置。

图 5-6 所示仅是一些常见民用船舶类型和相应的人员配置，实际人员配置还需根据船舶的规模、用途和航行区域等视情况而定。比如，海军院校或海事大学的教学训练舰艇，每次带领学生出海实习训练时，还要再配备各学科的教师。此外，在船舶行业中，还需要考虑船员的职业资质和经验等因素，以确保船只的安全和运行效率。

不同类型的船需要不同类型的船员，但有一点是共通的：所有船员都需要具备一定的海上经验和技能以应对各种复杂情况与挑战。只有通过科学合理的人员配置和分工，才能确保船只的安全和顺利运行，完成各种任务，维护海上安全和国家利益。

游艇和小型船只

通常用于娱乐或短途旅行，不需要太多人员。

船长：航行和操纵 / 其他船员：提供美食、饮品、娱乐活动等

货船和集装箱船

通常用于长途运输货物，需要大量人员来确保船只的顺利运行。

船长：船舶的整体管理和指挥 / 船员：航行和操纵 / 机组人员：维护和修理船舶的机械设备
甲板工：货物的装卸和维护船体 / 机工：发电和供应船舶能源 / 厨师：为船员提供餐饮服务

油轮

主要用于运输石油和石油制品。

船员职责与货船相似，但油轮需要更加严格的安全措施，以防止石油泄漏和火灾等事故

油井平台

通常用于海上石油勘探和开采，需要多种专业人员和设备，以确保生产效率和安全性。

工程师：平台的设计和建造 / 技术人员：设备的维护和修理
安全人员：保障平台的安全运行 / 医务人员：应对突发事件和照顾工作人员的健康

拖船和驳船

通常用于港口内的短途运输，需要少量的人员。

船长：整体管理和指挥 / 驾驶员：船舶的操纵和拖曳 / 甲板工：货物的装卸和维护船体

渔船

通常用于捕捞海产品，需要一定数量的人员来确保捕捞的效率和安全。

船长：整体管理和指挥 / 船员：航行和操纵 / 渔工：捕捞鱼类或鲸类，需要具备一定的海上
经验和技能，能适应恶劣的海洋环境。掌握各种捕鱼技巧和设备使用方法

科考船

通常用于研究海洋水文、地质、气象、生物等特殊任务，简而言之就是需要在海
上进行科研工作的船。除保障船舶的正常航行人员，还需要配备科学研究人员。

船长：整体管理和指挥 / 船员：航行和操纵
科研人员：利用船上各种设备仪器开展采样、录数据、做实验、收放设备等科研任务

邮轮和客船

都需要大量人员来确保旅客的舒适和安全。

船长：整体管理和指挥 / 船员：航行和操纵 / 机组人员：维护和修理船舶的机械设备
甲板工：维护船体 / 服务员和厨师：为旅客提供餐饮和服务
邮轮上的船员与客船相似，但需要更多娱乐工作人员，如音乐家、魔术师等，以提供更丰富的娱乐活动

救援船

主要用于执行海上救援任务，如救援漂流船、落水者等。

船员：需要具备专业的救援技能和经验，能够在危急时刻进行有效的救援行动
医疗人员：为受伤和生病的人员提供紧急医疗救治

图 5-6　常见民用船舶类型和相应的人员配置

5.2 大副、二副、三副、老轨、引水员……
   他们都是谁?

船上有各种岗位分工,大家各司其职,维持船的有序运转。

在船上,人们往往直呼对方的职务名称,比如,船长、大副、二副,有的岗位略特殊一点,如轮机长一般会称为"老鬼"(老轨)。

这些称呼背后对应的岗位,具体都有哪些职责,大家都在做什么?

接下来,就为大家分别介绍。

5.2.1 驾驶员就是操舵的那个人吗?

说了这么多,可能还有人困惑:船的驾驶员到底是谁,换句话说,到底谁是"开船"的呢?既然大副、二副、三副是驾驶员,那就是他们操舵吗?

事实上,通常情况下驾驶员和船长都不操舵,真正在驾驶台操舵的人员是水手。但水手在操舵的过程中,不需要有自己的判断,只需要听从驾驶员(大副、二副、三副或船长)的舵令就行了。所谓舵令,是指驾驶人员为操纵船舶,向操舵人员发出的口令。

5.2.2 大副、二副和三副怎么安排值班时间?

中国海船上的航行值班时间是固定不变的。不过,跟我们日常的"三班倒"不太一样。这种值班时间是由大副、二副和三副的职责决定的。

简单地说,因为大副经验丰富,需要用仪器观天体来测量、定位,责任重大,所以他的值班时间需要在同时看得清楚水天线和天体的时间:固定在船时 04:00~08:00;或者在 16:00~20:00。

古代航海环境后期，属于计算定位阶段，导航仪器还处在朦胧阶段，最多可以依赖的是六分仪，需要在太阳早晨从水天线升起前或晚上落下后（上面提到的时间），拿出六分仪进行天文定位，以确定在大洋航行中的船位；此外，还要通过天体测定罗经差，校对航向误差。这项工作通常是由航行经验最丰富的大副负责的。

三副是初级驾驶员，技能水平有待提高。为更好地监督三副，确保航行安全，同时也需要船长给予三副更多指导，所以三副的值班时间会安排在船长所在的时间：08:00~12:00 和 20:00~24:00。听起来三副的值班时间似乎最友好，睡眠时间能够得以保障。

那么，剩下的时间就属于二副了，他的值班时间在 00:00~04:00 和 12:00~16:00。早年这个时间安排，也是为了使二副在处理繁杂的海图时，时间能更充足，精力也更充沛。经历了夜晚值班后，如果没有工作任务，可以补休睡到接近中午，然后再开始一天的工作和训练。

当然，今天随着航海科技的发展，修订海图的工作已不再是文山书海了，二副可以通过计算机在数分钟内完成全部海图的修改订正。

二副——二管轮	大副——大管轮	三副——三管轮
00:00~04:00	04:00~08:00	08:00~12:00
12:00~16:00	16:00~20:00	20:00~24:00

图 5-7　轮机部与甲板部成员值班时间表

另外，轮机部的成员与甲板部的成员值班时间是对称的。图 5-7 值班表中提到的船时其实就是船舶航行地的区时，当船舶跨越时区，自然要进行时间的调整，如果跨越时区，为了保证值班时间段固定，就有人可能需要多值一小时班或者少值一小时的班了。

5.2.3 实习生如何晋升成船长？

不想当将军的士兵不是好士兵。同样，我们也可以说，不想当船长的船员不是好船员。

轮机部和甲板部都有各自的晋级之路，但是船长一般是从甲板部成长而来的。因为轮机部平时主要保障船舶动力，不进行船舶操纵。那么航海实习生是怎么一步步成长为船长的呢？很简单，总共分三步（图5-8）。

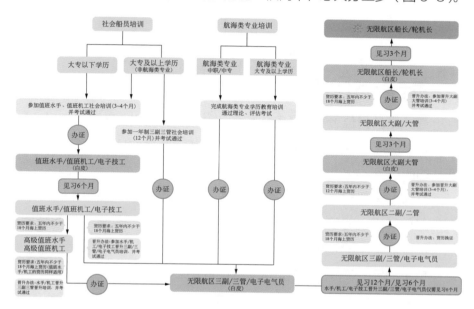

图 5-8　船员晋升流程图

第一步：成为三副

从不同的起点开始，有不同的成长路径。

（1）如果你是海事院校航海类专业毕业生，那么通过海事局单独组织的理论考试（俗称大证考试），就可以上船做三副实习生了；

（2）如果你是理工类非航海专业毕业生，可以参加权威机构组建一年制培训班，通过海事局单独组织的理论考试，也可以上船做三副实习生；

（3）如果你是高证机工水手，做满 18 个月以后，哪怕没有学历，也可以参加三副或三管轮的适任考试，只要通过，就是准三副了。

第二步：三副→二副→大副

实习期结束，就需要等机会提职做三副，三副要做满 18 个月就可以换二副证书；

二副再干 12 个月海龄，有资格参加大副培训，培训结束，大副考试通过；

顺利通过 3 个月的大副实习期，就可以正式拿到大副适任证书了。

第三步：成为船长

在大副的岗位上干满 18 个月可以参加船长培训，通过海事局的适任评估。然后，再在船上做 3 个月见习船长。恭喜你！你终于成为一名正式的船长了。

从实习生到船长，你收获的将不只是船长的桂冠和更高收入，更重要的是航海经验的积累和责任心的淬炼，应急情况下处变不惊的技能。船长责任重大，要完成船东的重托，要把"我们的船"安全地带回家。

船上的另一条晋级之路是从轮机员晋升到轮机长，路径是这样的。

根据现行的发证规则，轮机工程专业的高校毕业生，通过相应的考试和评估，并在船见习 12 个月之后，才能获得三管轮适任证书。

担任 18 个月的三管轮职务后，能够获得二管轮适任证书。

二管轮要晋升为大管轮，首先需要 12 个月的海上资历，然后进行 3 个月左右的培训、考试和评估，通过之后再进行 3 个月的船上见习，然后才能获得大管轮适任证书。

大管轮任满 18 个月之后，同样要经过培训、考试与评估、见习，才能获取轮机长适任证书。

从高校毕业到获取轮机长证书，需要船上见习加任职海龄 66 个月，也就是 5 年半，之外还有两次培训和考试。如果按照自然年计算，一般需要 10 年左右的时间，才能获取轮机长适任证书，而且这才是获得适任资格，至于能不能顺利地担任轮机长，还得看实际情况。

总体来说，轮机员不仅需要有健康体魄和健全人格，也需要广博知识和实践能力，以及海洋意识和社会责任，还要具备民族精神和国际视野等综合素质。

5.2.4 老鬼、老轨⋯⋯是在叫谁？

如果在船上听到有人喊"老鬼"，一定不要感觉到惊悚啊，这是在喊轮机长"老轨"呢。那么轮机长为什么叫"老轨"呢？

有一种说法是，最初老轨是用来称呼火车上管柴油机的人。因为船上的柴油机都是从火车机车上直接挪过去的，聘请的机工也是火车机车上从事机车操作或修理的人员，于是，人们按照铁路的"轨"称呼这些轮机人员，并把轮机长尊称为"老轨师傅"，或简称"老轨"。

还有一种说法，看起来更戏谑一些：最初的蒸汽机以煤作燃料，机舱人员主要在甲板下干活，来到甲板上，满身油腻、面目黢黑，犹如从地下冒出来的"鬼"一样。

虽然这个昵称看起来不太严肃，但其实，轮机长的名头可硬气得很。这个职务的英文是 chief engineer，相当于船上的总工程师，从入行到成长为一名合格的轮机长，至少需要八九年的时间。

5.2.5 为什么说引水员是世界上最危险的职业之一？

船上的人员中，还有一类特殊工种：他们不属于任何船，但是又非常关键。那就是引水员。

作家刘慈欣在代表作《三体》中，就提到过一位引水员，尽管着墨不多，却引发了很多读者关注。地球人为了反击外星文明，摧毁了运载地球叛军的船。船上除了叛军，还有一些无辜的牺牲者，包括不知情的船员，还有一位需要随船走完82km运河的巴拿马引水员。这个细节引发了很多人对无辜牺牲者的同情和讨论。

且让虚构的归虚构，而现实里的引水员，具体是做什么的呢？为什么他要随船走这么远？

其实，引水员的正式名称是"引航员"，负责协助船舶进出港口、狭窄水道等复杂水域。换句话说，引水员是"帮船长开船"的。因为船长不一定会经常进出停靠的港口或水道，对该水域的水深、潮汐、水流不太熟悉，为保障航行安全，就要临时雇用熟悉当地水域的引水员来协助。不过，船长还是绝对的指挥者，如果船长发现引水员的操作影响船舶安全时，要及时制止和纠正。

引水员怎么展开工作呢？

比方说，当船准备移泊，也就是在得到批准后，准备从原来的锚泊地或靠泊地移动到下一处时，船长会在喇叭里通知："通知机舱备车，等待引水员上船，甲板部人员各就各位，准备移泊。"

接到船舶的引航申请后，引水员要携带整套引航装备奔赴港口码头或锚地。他们需要既精通航行技术，又熟悉航行的水域，通常需要做过数年船长（船需要在一定吨位以上），且必须持证上岗。

如果船舶申请进港靠泊，引水员要乘坐引航艇或拖轮接近需领航的船舶，然后，船员会抛下绳梯，引水员登上绳梯到驾驶台（图5-9），与船长充分交流后，引领船舶进港直至停稳靠岸；如果船舶需要离泊开航，引水员也要与船长交流，引领船舶离泊出港，待船舶抵达引水员离船水域，且确认周围船舶不影响该船航行后，船长接过船舶操纵权，引水员再乘引航艇或拖轮离船。

这么描述的话，是不是听起来有点轻松、愉快又自由——其实不然，引水员的工作既危险又艰苦。

图 5-9　大连海事大学"育鲲"轮进大连港时，引水员正在登船

（张志友团队/摄）

　　"攀爬引航梯"是引水员工作的第一道工序，也是最后一道工序，这个过程风险很大。比如，要从移动的小引航艇爬上移动的大船，在小船靠近大船的一瞬间，往往会产生剧烈的晃动；再比如，过程中随时会面临各种不确定的天气环境，特别是大浪、台风等各种恶劣天气；加上引航梯也有断裂风险，所以，对引水员来说，每次引航都是一场特别大的考验，一旦掉进海里，那可是险象环生的。

　　而且，无论是刮风还是下雨，白天还是黑夜，引水员在当班的时间要随叫随到。当然，正因为工作艰苦，而且风险较高，所以引水员的薪水也较高。

舰船开出去，就成为一方"流动的国土"，当外国船舶进出港口时，引水员是第一个登轮和最后一个离船的人员，是接触"流动的国土"的第一人。

在半殖民地半封建社会的旧中国，主权丧失不仅体现在外国军队的登陆与进犯，也体现在引水权的丧失。引水权意味着对出入本国港口的外国船舶进行引航并且收取费用，属于国家主权之一。但是，从1843年签订的中英《虎门条约》开始，一些港口水道的引水权一度被殖民者所控制。比如，引水员的登记由英国的领事馆掌握，引水费用也由英国官员决定。此后，随着一系列不平等条约的签订，旧中国的引水权也一步步沦丧。直到新中国成立后，中国政府才实现了对引水业的完全管理。

从这个角度来看，引水员不仅是船舶操纵专家的代表、引航技术的体现者和航海安全的保证者，他们还是护卫主权的践行者。

除了前面提到的一些岗位人员，船上还有很多不同的岗位，每个岗位的人都要兢兢业业地完成自己的任务，担负自己的职责。

在陆地上，"风雨同舟"和"同舟共济"象征着默契可靠的伙伴关系。可到了海上，这两个词汇就不仅是象征意义，更是扎扎实实的字面意思。

无论来自天南还是海北，大家都有一个共同的目标：让"我们的船"安全顺利地出发、航行和到达。这一目标看似淳朴又简单，却事关宏旨。有了这样的共同目标，你我就变成了"我们"，"我们的船"上的"我们"。

5.3　他说风雨中这点痛算什么……现实中的水手都在做什么？

在"80后"一代的童年记忆中，有两个水手。一个是《大力水手》，随着动画片的播映，水手波比（Popeye）和他"吃了菠菜就变强壮"

的形象也随之深入人心。另一个是歌手郑智化的代表作《水手》。"在半睡半醒之间仿佛又听见水手说，他说风雨中这点痛算什么，擦干泪不要怕，至少我们还有梦。"

在大众文化作品中，水手的形象往往是抽象且英武的，他们无惧艰险，搏击风浪，水手服的蓝白色披肩和飘带随风飞扬，兼具浪漫主义和英雄主义色彩。

那么，真实的水手是什么样子呢？他们都在做什么？

真实的水手，就是船上甲板部工作的船员，一般由水手长和大副直接领导。水手长会带领水手进行甲板的维修保养、负责船上货物和人员的安全，他们既能攀爬，也能下趴，有时要在狂风恶浪中围绕着舰船工作，有时又要周而复始地完成日常各种"船艺"工作。

要知道，当船上的技能上升到了"艺"的高度时，想必不是简单的转转轮舵就可以了。这其中，每个细节都可以单独讲出一篇历史故事。

接下来，我们只简单介绍最基本的 4 种技能：打水手结、船舶清洁与保养、登高作业及敲铲除锈。

5.3.1　103 种水手结，要易结又易解

船上的绳结历史悠久，甚至比文字更悠久。东汉末年儒家学者郑玄在《周易注》中道："结绳为约。事大，大结其绳；事小，小结其绳。"最开始，绳结可能是用来记大事或记数字的，后来慢慢转变为实用型。

绳结的打法也多种多样。在波浪起伏的海洋上，"固定"成为一项需要技术的刚需，而绳结在这个领域发展得尤为精彩，水手们像挥毫泼墨一样使用绳结。

15—17 世纪的大航海时代，帆船盛行，帆船上风帆的固定都要靠绳索来实现。绳结是随时随地都要打的，而风浪和潮水瞬息万变，在这种情况下，要随时相应地改变绳结，如风力突然增大，必须马上缩帆，减小风

帆的受力面积，那就要打缩帆结（图 5-10）。绳结必须既坚固又活络，既容易打结也要方便解开，绳结技术也迅速发展到了顶峰。

在以风帆为动力的时代，驯化风帆的手段就是牢牢锁死风帆的水手结。毫不夸张地说，没有水手结就没有水手，就没有人类航海文明的辉煌历史。

图 5-10　缩帆结

帆船航海时代结束后，绳结技术的使用不断演变。后来有了绳索工具和现代航海科技，很多绳结技术就被淘汰了，只停留在历史中。不过，也有一些绳结技术被保存了下来。

船上的各项工作，不管是船舶保养、绑扎货物，还是舷外作业或救生，都离不开绳结。不管是哪种绳结，本质上都是靠绳子之间的摩擦力和挤压作用力来紧固连接的，摩擦力越大，绳结就越牢固。船上的绳索往往要承受几吨的重量，拉力的强度要超过同等粗细的钢筋，而且，水手结不仅要经得起风吹日晒加水泡，还要长久又稳固，做到"绳子断了，绳结都不会开"。

根据不完全统计，常用的水手结有 **103** 种。其中，最常用的有以下几种。

1. 8 字结

用途：绳索穿过孔洞后，**防止滑脱**，因此也叫**止索结**。

打法：绳端绕绳干旋转后穿过绳圈，如同写阿拉伯数字 8 一样（图 5-11）。

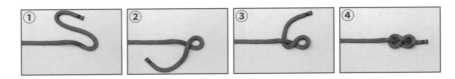

图 5-11　8 字结

2. 平结

用途: 用于两根粗细相当的**缆绳连接**。

打法: 将两绳先打一半结, 接着再反方向打一半结即成 (图 5-12)。

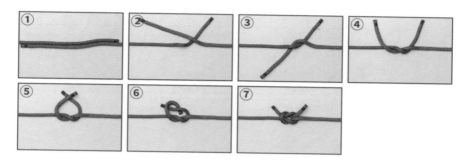

图 5-12　平结

3. 丁香结

用途: 将缆绳系于圆木、栏杆、根木、粗线或圆环时, 都可以用此结。丁香结牢靠而简单, 所以使用场景广泛, 但不宜用于方形物上, 否则容易松脱。

打法: 连续绕圆木打两个半结后收紧即可 (图 5-13)。

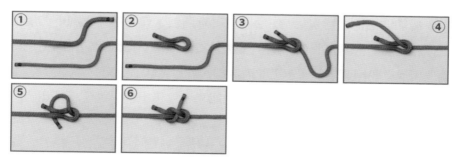

图 5-13　丁香结

4. 单套结

用途: 被称为**绳结之王**, 也是世界上最受欢迎的绳结。单套结被广泛地用在各行各业及日常生活中，如登山、下海或体育活动。因为可以在救援中将人吊起，也叫"称人结"。

打法：先作一小绳圈，短端位在圈上，然后将绳端由内向外穿过绳圈，绕过绳干，再穿回绳圈即可（图5-14）。

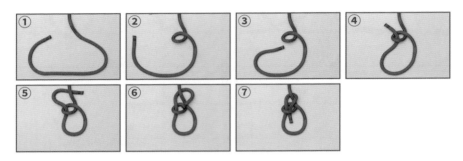

图 5-14　单套结

5.3.2　船舶的清洁与保养

船舶就跟房子一样，需要经常打扫，保持清洁。这也是为了保护船体、舱面建筑各种设备不受损坏，保持生活环境清洁卫生，保护船员和旅客的身体健康。

船舶清洁的内容包括：生活区的日常清洁工作、特殊情况下的清洁工作和对货舱的清洁工作，为下一次装货做准备。相比我们平时使用的清洁用品，船用清洁剂属于工业清洁剂，威力更猛。

除了清洁，保养也很重要。因为船是不停运行的，为了保证运行的效率和质量，所以，跟车辆一样，船也需要保养。

那么，水手们需要为船做哪些保养工作呢？

比如，甲板设备的保养，最重要的就是定期润滑。除了让甲板设备的活动部件间减少摩擦，防止内部锈蚀，润滑还可以保持钢丝绳的柔软度。对各个部件加油润滑，是保证设备正常运转的最关键工作之一。

还有锚设备和系泊设备的润滑保养，也是重要的日常甲板保养工作

图 5-15　船上的水手正在进行锚设备和系泊设备的润滑保养

（张志友团队／摄）

之一。保养的重点是锚机和绞缆机，船上起锚和抛锚都要用它们，前者提供动力，后者松绞缆绳，所以需要日常维护保养。

再有船舶装卸设备的润滑保养（图 5-15）。船舶装卸设备是指船舶自备的用于装卸货物的装置和机械，主要有吊杆装置、甲板起重机及其他装卸机械，这部分工作属于高空作业，有一定危险性，因此作业时需要戴好安全带。

此外，船舶舱盖、救生艇架、通风筒、舷梯等部位都需要保证定期的清洁和保养，从而使船舶航行无忧。

5.3.3　船上的"蜘蛛侠"：除了擦玻璃，也要擦船

城市中高楼林立，坐在办公室里的你，可能见过"蜘蛛侠"在你的窗外辛苦擦拭。其实，广阔大海之上也有一群登高爬低的"蜘蛛侠"，就是高空作业的船员们。他们仅依靠着几根绳索，就在船上飞檐走壁，为船舶的安全保驾护航。

这部分工作很危险，因为需要高处作业和舷外作业。

什么是高处作业呢？简单说，假如你在离地面 2m 或超过 2m 高的

地方工作，那这就属于高处作业。船上有很多高的地方也需要进行除锈清洁和油漆保养作业。比如，船上的桅杆、雷达架或驾驶台的前后墙面等，爬到这些地方工作，都属于船舶高处作业。而舷外作业可以按照字面意思来理解，就是指在水面以上的船体外进行的作业。

和擦玻璃的"蜘蛛侠"面临的风险一样，这些工作人员可能会因为全神贯注于手头的工作而无法兼顾其他，很容易发生坠落、摔伤、砸伤、踏空等事故，而且工具掉落也易伤害到其他人员。

因此，在完成高处作业或舷外作业时，要事先采取适当的预防措施，这些要求看起来有点繁杂琐碎，可是，为了"安全"，怎么要求都不为过。

比如，现场应注意检查安全绳（带）等设备是否系牢，安全带和跳板分别系固于甲板不同的固定物；通知有关人员提醒过往船只加强防范，防止被浪击发生事故；另外，在烟囱上作业时，水手长应事先告知机舱和驾驶台，避免发生意外。还有一点需要强调：在航行期间，无论采用任何预防措施，都是绝对禁止舷外作业的。

5.3.4 敲铲除锈，像爱护眼睛一样爱护舰船

将士守国土，船员守航船。

古时候的舰船一般是用木材造成的。为了防水防腐，古人会用桐油封护船体，并在缝隙之间打入桐油和麻纤维的混合物。

现在的舰船一般由钢铁造成。为了保持良好的航行状态，舰船在设计建造阶段就考虑到耐腐蚀问题，但能耐多久就要靠相关人员常备不懈的日常保养了。

在船舶大小规模的检修中，最常见的工作是除锈补漆。这也是船上的常规工作。

铁遇潮湿会生锈，而海水中的电解质和电荷比淡水的腐蚀性更强，船舶都是由钢板打造而成的，常年在高盐的海水里浸泡，一定会生锈。

铁锈疏松多孔，易吸水和容纳氧气，使铁被腐蚀得更快，如果不处理会越锈越深，面积也会越来越大，会严重影响船舶的整体性能。所以无论什么时候，船员们都要警惕高盐、高湿的海洋环境对船体的侵蚀。

在船上，只要看到一点生锈，不管位置是在低处还是高处，水手都要第一时间敲掉，然后再打磨刷漆。所以，在船上你会经常听到气泵榔头的轰鸣声和敲铲榔头的锤击声交织在一起，演绎出激昂的大海奏鸣曲。

日常的除锈可以延缓船体的锈蚀，但船底除锈就需要把船开到船厂了，除了除锈，还可以清除一些附着在船底的海洋生物（比如藤壶、牡蛎或各种藻类），降低航行阻力，以保持船速。

万一船底生锈漏水，该怎么办呢？

如果漏水的地方不是太大，就利用船上的电焊机、钢板、木头等材料，直接堵上就可以了；但是如果破洞较大，可以用帆布制的轻型堵漏毯或用钢索制的重型堵漏毯悬挂在船外破口处，靠水的压力将堵漏毯压紧在船壳板上，堵住破洞，然后再从船内破口处，设置水泥箱、大型堵漏板等器材，防止水渗入。

如果漏水比较严重，就要尽快向周围船舶和岸上寻求救援。如果情况再严重一些，发现排水速度明显小于进水速度，而且无法堵住破口时，这时船舶就有倾覆的危险，为防止人员伤亡，要勇于弃船逃生。

除了前面介绍的部分，其实水手要做的工作还有很多。现代船艺对水手的要求也跟艺术家一样，至少有 3 种形式，其中有亲自动手的，有机械操作的，也有思考型的。

比如水手工艺，这就是需要亲自动手的船艺，也是水手的基本技能，如前面提到的甲板设备操作和保养工作。

再比如船体和舱面设备的技术管理，这属于机械操作部分的船艺，现代船舶上的电子设备比较多，水手需要掌握各种操作规程并执行维修保养计划。

另外，还有船舶操纵、避碰和海事处置，这部分属于思考型的船艺。

比如，水手要根据所在船的具体情况，正确估计客观环境，正确运用操船设备驾驶或停靠船舶；严格执行国际和本国的避碰规则，保证船舶安全；船舶发生事故后，能够采取应急措施，使船舶及人员脱离险境或减少损失。

或许，在了解过真正的水手都在做些什么后，我们再去看一遍《大力水手》，再去听一听《水手》"总是幻想海洋的尽头有另一个世界，总是以为勇敢的水手是真正的男儿"，童年的动画片和伴随我们青春岁月的旋律也变得更加具象起来，就像叠加上一层带着毛边的滤镜，虽然粗糙，却更真实动人。

5.4 一个经典问题，几乎人人逃不掉！晕船怎么办？

2022 年，一位脱口秀新人"毛豆"走入了大众视野。毛豆是一位曾在海军服役 8 年的炊事老兵，他自称是"乘风破浪的厨子"，在舞台上分享了当兵和出海的经历，表演视频也在网络上广为流传。

其中有一个关于"晕船"的段子是这样的。

"我第一次去（亚丁湾）护航的时候还是新兵，我的战友们也教了我很多晕船的小妙招。第一次晕船，他们教我拿生姜擦胸口的穴位，说好使；第二次晕船他们教我拿洋葱擦太阳穴，告诉我要是再不好使，可以嘴里含一颗大料；第三次晕船我都不敢跟他们讲了，我感觉他们马上要起锅烧油了。"

创作喜剧的人常说：喜剧的内核是悲剧。的确，这个让退役老兵毛豆圈粉无数的段子，正是很多海军新兵都经历过的痛苦：曾梦想仗剑走天涯，奈何晕船让你床上趴。

想象一下，当你穿上帅气的浪花白军装，收拾好行囊，准备去迎接大海，海风轻轻地吹，海浪轻轻地摇，年轻的水兵头枕着波涛……晕船了。

怎么办？人为什么会晕船？科技都这么发达了，有没有什么方法可以让人不晕船？

5.4.1　为什么会晕船？

晕船的英文是 sea sickness，虽然有 sea，但其实和海没有什么关系，你并不是看到海才晕的。它和生活中常见的晕车、晕机和晕 3D 一样，都属于 motion sickness，学名叫晕动症。

出过海的人，大都知道一首"晕船十字歌"：一言不发，二目无神，三餐不进，四肢无力，五脏翻腾，六神无主，七上八下，九（久）卧不起，十分难受。

这首"十字歌"描述的就是典型的晕动症状，这些症状来自前庭系统感受、本体感受和视觉感受的不协调，换句话说，人体不同部位反馈给大脑的信息不一致。

当人在主动运动时，如行走或跑步时，来自三方的信息通常一致，大脑也会根据接收的信息做出相应的指令，比如继续行走或继续跑，会发出指令，指挥我们的身体做出相应的动作。

但是，当人在被动运动时，这三方的反馈信息就可能出现冲突，进而引发晕动症状。比如，人坐在风浪中的船上，如果前庭系统较为敏感，便能迅速感受到运动并报告大脑："位置发生变化，是否做出反应？"但此时，身体和船是同步摇晃的，所以眼睛看到的景象相对静止，或者摇晃并不是太猛烈，眼睛报告大脑："相信我，身体是正保持静止状态的！"在这种冲突下，人就容易出现晕动症状。

搭配实体船景感受晕船

目前，人们还没有完全搞清楚"为何这种信息冲突会导致晕动症状"，不过医学界普遍认为，晕动症可能和前庭器官过度敏感有关。前庭器官越敏感，对空间感知能力更好，会更容易患上晕动症。

话说回来，有没有办法能缓解晕船，可以让年轻的水兵们在航程中更舒适地工作呢？

很简单，见招拆招。既然晕动症是来自感受信息的冲突，特别是视觉感受和前庭感受的不一致，那就尽量让这些感受趋向一致，或者屏蔽掉其中不一致的感受。

这里有三种缓解晕船的方法可供参考。

第一种，直接屏蔽视觉感受信号，这样就可以避免视觉和感觉的冲突，你可以闭眼小憩，戴上眼罩或其他视觉辅助设备等。千万注意，一定要少看手机或者计算机，因为静止的影像反而会大大增加前庭和视觉感受的冲突。

第二种，走上甲板，放眼望向水天线的方向，让视觉系统感受到你确实在运动，和前庭的感受尽量一致。

另外，也可以听听音乐、聊聊天，尽量多转移自己的注意力，削弱视觉的感受。

如果以上的方法都不足以让你克服晕船，那就需要谨遵医嘱，使用茶苯海明片、异丙嗪片、东莨菪碱贴剂等晕船药物，让你的前庭系统别这么敏感，达到缓解晕船的效果。

就像毛豆在段子里讲的，尝试生姜、洋葱和大料这些偏方，擦了一周晕船也不见好，就问班长："这些偏方晕船的时候你试过吗？"

班长答："晕船，我会吃药啊。"

5.4.2 能不能造一艘不晃的船？

刚才提到了，要改善晕船，一方面可以通过改变自身适应环境，那么，另一方面，能不能让船也适应适应环境，做出一些改变？

换句话说：能不能造一艘不晃的船？

建造一艘不晃的船，保障人员在舰船上的安全，可以说是造船人的夙愿，人们很早就开始为之努力。历史上不乏水战时将船连并在一起的例子，比较广为人知的便是"赤壁之战"，曹操为了让不习惯坐船的北方士兵适应，将舰船用铁锁连在一起，"冲波激浪，稳如平地"，结果遭遇了火攻。

以现在的眼光打量，不晃或少晃，就是让船舶的稳性更高。而"重心的高低"是船舶稳性的一个重要因素。早在使用独木舟时，人们就发现：在舟中站立起来活动就有翻船的危险，而坐下来就稳当得多。

为了降低重心，提高稳性，大型船舶在建造时，通常会把动力装备等较重的部件安装在船舱水线以下，而舰船的上层建筑则采用铝合金等轻型材料。另外，考虑到在船舶空载时吃水变浅，重心提高，稳性会变差，因此，一些船舶会在船身内部设置压载水舱，当舰船空载时，可以吸入海水做压载水，起到稳定舰船的作用。

另外，人们还发现：独木舟之所以容易翻，还因为它比较窄，如果把两只独木舟并联起来，加宽了就稳得多。

要通过加宽船体来提高稳性，除了并舟，也可以让单体船变宽。有些较为狭长的船只，为了提高稳性，也可以采取一些临时措施。

比如，长期以来在我国沿海航行的福州运木船，船体狭长，航速快，但稳性较差，当它满载木材时，工人就会在两舷的外侧绑扎许多木材。这样，当船受到侧向的强风吹袭和恶浪扑打，船体虽然会倾侧，但舷侧所挂的木材没入水中，相当于增加了船宽，也就得到了补充的浮力，船也就随之变得更稳。这种做法也是现代造船业里双体船、三体船（图 5-16）的灵感来源，可以在无法增加船舶尺寸的情况下，尽最大可能提高船舶稳定性和抗风浪的能力。

图 5-16　左图为福州运木船，右图为三体船"Earthrace"号

（图片来源：维基共享资源）

总结下来，要让船的稳定性提高，重要的是做到两点：重心低，宽度大。这在现代造船业已经得到了广泛的应用，新建造的船舶都会注意稳性的提高，从而保证乘船者在风浪中的舒适和货物装备的安全。

当然，一艘船的安全舒适很重要，其他参数也重要。在设计和建造船时，不光要考虑稳性，还要综合考虑很多角度。比如，船体型线、尺寸参数、浮性、抗沉性、耐波性、结构强度等。所以，如果你在风浪中感觉到有点儿晃、有点儿晕，可能也确属舰船设计的折中方案。也就是说，设计师和工程师也真的尽力了，要兼顾船的其他性能提升，也只好在稳性上做出一点妥协。

总之，造船从业者们已努力了，因此，大家也努力适应一下晕船吧。

5.4.3　要让船减少晃动，有哪些黑科技？

考虑对船舶实际航行的影响，船舶构造只能在一定范围内调整。说白了，在大风大浪下，设计再完美的船，也会摇摆。这就需要给船舶加点额外的"科技与狠活"——减摇技术。

从结构形式来看，目前最常用的减摇装置主要有舭龙骨、减摇鳍和减摇水舱。

1. 舭龙骨：好用还不贵

舭龙骨（图 5-17）通常安装在舰艇中部两舷舭部的外侧，与舭部外板垂直，一般是长条形的板材结构，长度通常为船长的 20%~60%，宽度则为船宽的 3%~5%。当舰艇横摇的时候，舭龙骨就会产生与横摇方向相反的阻力，从而就形成了减摇力矩，减少舰艇横摇的幅度，是一种被动式的减摇装置。

图 5-17　舭龙骨

（图片来源：维基共享资源）

舭龙骨的结构比较简单，造价也低，减摇的效率又很高，而且不需要经常的维修，损坏之后直接更换也非常容易……有了这么多的优点，因此，在舰船上面得到了广泛的应用。目前，几乎每一艘海船上面都会安装舭龙骨。

2. 减摇鳍：来自鱼的启发

减摇鳍（图5-18）是目前效果最好的减摇装置，一般安装于船中两舷舭部，通过操纵机构转动减摇鳍，让水流在鳍上产生作用力，形成阻尼力来减少船舶横摇。

图 5-18 减摇鳍

（图片来源：维基共享资源）

减摇鳍的灵感来自鱼的背鳍和臀鳍，它们就像鱼身上的对外平衡器，能让鱼身在游动过程中避免左右摇晃，在惊涛骇浪里也能自如地游来游去。这一点给了舰船设计师重要的启发，设计出用于舰艇减摇的装置——减摇鳍。

1923年，日本长崎造船所的元良信太郎博士首先设计出实用的减摇鳍，并且通过实船试验发现有良好的减摇效果，平均减摇效果达到了70%左右。1958年，英国"玛丽皇后"号在大风浪的条件下进行了减摇鳍性能的实验，结果发现，当减摇鳍不工作时，舰船的横摇角度会达到 25°，而当减摇鳍工作的时候，船的摇晃角度平均只有 2° 左右。

不过，减摇鳍要发挥作用，也有限制条件。航速越高，水流产生的作用力越大，减摇效果越好；但又不是越快越好，高航速下，减摇鳍又会成为舰船阻力；另外，当舰船航速为 0 时，减摇鳍上没有水流作用，也就起不了减摇的作用了。

3. 减摇水舱：让船成为"不倒翁"

不倒翁大家都见过吧？它无论怎么推都很难倒下，原因就在于重心很低，非常容易恢复原来的姿态。

船舶也一样。如果将大量的水注入位于船底部的压水舱，除了增加船只自身重量，让风暴更难撼动船体本身，减小晃动幅度外，还能够降低船的重心，使船舶成为"不倒翁"，防止倾覆。

减摇水舱（图 5-19）安装在船体内，当船产生横摇的时候，减摇水舱内的水会产生往复运动，舷边水柜里面的水就上下波动，产生抵抗横摇的稳定力矩。

减摇水舱也分为不同种类：主动式水舱、被动式水舱和被动可控式水舱。主动式水舱就是自身有泵和动力，根据船横摇的情况，调整水的走向。好处是可以随机而动，缺点是调动这么多水需要耗费的动力较多，所以应用并不广泛。与主动式水舱不同，被动式水舱里没有动力和控制系统，仅仅依靠船本身的横摇产生减摇力矩，水随遇而安，随行而动。被动式可控水舱则是纯被动式水舱的进阶版，多了人为对水的干预和控制，使水动得有规律，从而达到满意的效果。

减摇水舱最大的优点是，即使船舶在低速航行状态时也能进行减摇，而减摇鳍、舵减摇等装置则需要达到一定的航行速度方能达到理想的减摇效果。

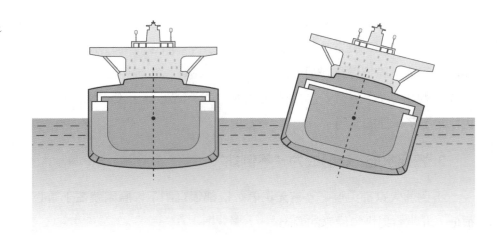

图 5-19　减摇水舱。左图为船水平静止时减摇水舱的状态，右图则是"船
　　　　向右摇至最大角度后，即将向左摇"的状态，因为此时右侧水
　　　　位更高，产生更大的重力，会限制船向左摇，由此达到减摇的
　　　　效果

不过，减摇水舱也有缺点：占空间。因为减摇水舱只有达到一定的容积，才能使其产生足够的横摇复原力矩，所以，为了达到理想的效果，减摇水舱会占据船体的很大空间，只适用于有较大空间的船舶。此外，减摇水舱也需要精心设计，控制减摇水舱的自摇频率，否则会产生增大横摇作用。

舭龙骨、减摇鳍和减摇水舱，是目前使用较为广泛的减摇技术。此外，还有减摇陀螺、舵减摇等技术，原理上都是为了生成与舰艇横摇相反的力矩，也就是"船想向左晃，你非让它向右动"从而达到减轻横摇的目的。

话说回来，即使有如此多的高科技加成，完全不晃的船也是没有的，能逃脱晕船命运的人也很少。曾有调查研究显示，首次航行人员发生晕船的比例为 95.2%。

好在，大多数晕船都有适应的过程。作为航海人员，的确不能因为晕船下火线，归根结底，还是要靠自己的意志克服晕船，不断适应并逐渐缓解晕船的症状。

毕竟，平静的海面培养不出优秀的水手。

5.5 在摇晃的船上，是睡得更香，还是会睡不好？

很多关于航海的文化作品，往往会渲染水手们白天搏击风浪的英勇，却少有提到夜晚的睡眠。和海上睡眠有关的，最广为人知的恐怕还是那首《军港之夜》："军港的夜啊静悄悄，海浪把战舰轻轻地摇，年轻的水兵头枕着波涛，睡梦中露出甜美的微笑……"

睡眠如此重要，毕竟，我们每天要有近 1/3 的时间都花在这件事上。关于睡眠，还有个称呼叫作"黑甜乡"，当人们忙碌一天后，睡眠像一个深沉又甜蜜的港湾，等待为归乡者洗去疲惫。

不过，在海上，"归乡"或许不是件容易的事。比如，之前有研究发现，和其他军种相比，海军舰艇官兵的睡眠质量比较差；有不同研究者分别对不同海军部队进行了睡眠调查，发现失眠发生率有高有低，其中相对低的有 26.5%，高的则有 46.8%。

那么，真实的海上睡眠，情况是什么样的？在摇晃的船上，是睡得更香，还是会睡不好？

5.5.1 摇晃的船上会睡得更香吗？

先说答案：确实可能会。

2011 年，瑞士日内瓦大学的研究团队曾经做过相关研究，发现当人睡在有节奏摇晃的摇床上时（摇晃频率是 0.25Hz，相当于 4s 一个来回）更容易入睡，并且第二睡眠阶段（浅睡）的时长增加了，换句话说，睡眠质量更好。

8 年后，还是同一个研究团队，研究发现，在整夜的睡眠中也发现了这样的结果，有规律晃动的摇床不但让人更快地进入深度睡眠，也让人睡得更沉，而且还同时增强了记忆巩固的效果。

如此看来，"年轻的水兵头枕着波涛，睡梦中露出甜美的微笑"确实是有科学依据的。不过此处有个前提：摇晃要规律，而且幅度不那么大。

如果赶上海况不好，风浪大作，恐怕再精细的科学研究都要失效了。就像退伍海军毛豆在脱口秀中调侃的：

"有人觉得在船上睡觉就是：海风轻轻地吹，海浪轻轻地摇，就像在婴儿床上一样。但这个海浪摇晃是不规则的，大多数时候，海浪不是轻轻地摇，而是踹婴儿床，半夜一两点你睡得嗷嗷的，嘭，就是一脚：小伙你怎么睡着了？刚被踹醒有点懵，刚坐起来，嘭，又是一脚：哟小伙你怎么不睡觉。"

在这种境况下，要想睡个安稳觉，大家只能各出奇招：比如用绑带把自己固定住，免得从床上掉下来，或者，干脆跑到惯导舱或者罗经室去睡，因为这两个地方一般在船的底部，指望着晃动幅度能小一点。

5.5.2　海上的睡眠，难在哪里？

对于航海者来说，"出海"会很明显地影响睡眠质量。比如，一项对海军官兵睡眠的研究发现，在停泊靠港时，有 19.9% 的官兵有睡眠问题，而出海时，睡眠障碍发生率会明显增加，而且航行时间越长，发生率就越大，逐渐接近商船远洋海员的 81.2%。

影响睡眠的原因有很多，如睡眠环境中的温度、噪声、振动乃至电磁辐射。举个例子，在船上，住的地方相对封闭，所以房间里会安装通风系统，这就会带来噪声，再加上船上的设备一直在运行，除了噪声还会产生振动，这些都容易让人睡不好。

除了这些客观环境，"轮班制度"也是一个影响海上睡眠的主要因素。前面介绍过，船上的值班属于三班倒，有人需要在 00:00~04:00 这个时段值班，虽然第二天如果没有工作任务，可以补休睡到接近中午，但还是有可能带来昼夜节律的紊乱，影响褪黑素水平导致睡眠变差。

工作地点不同导致的光照变化，也可能影响睡眠。比如，整天在内部控制室工作（例如机舱的工作人员），没有或较少接触到日光，也可能会导致夜晚睡眠变差。

5.5.3 睡不好，会有多危险？

除了舱室环境这些客观条件，还有一些主观因素对睡眠的影响也不可忽视。

船员们的心理状态、工作压力、情绪波动等都可能对睡眠产生影响。例如，当船员们面临紧张的任务、即将进行重要演习或考试等情况时，他们的心理压力会增加，从而导致睡眠问题加剧，这类压力并非海军或航海者独有，不过，在海上，需要紧张的事项更多，要时刻面对不可控的天气和大自然。

睡眠不足或睡眠质量较差，不仅不利于健康，还会影响人的精神状态，而在海上，还可能会导致更严重的后果。在我国或国外海军中，都不乏一些真实的案例，由于睡眠不足导致疲劳、注意力不集中或判断力下降，从而导致了事故的发生。

例如，2017 年，美国发生的两起军舰碰撞事故，一起是"菲茨杰拉德"号驱逐舰撞上了一艘货船，另一起是"约翰·麦凯恩"号驱逐舰与一艘油轮相撞，后者导致了 10 名水手死亡。这两起事故都发生在黎明前，其中"约翰·麦凯恩"号的值班团队（包括舰长和执行官），在碰撞发生前的 24h 内平均睡眠时间仅为 5h，根据调查，事故发生时，驾驶台值班员尤其是舵手极度疲劳，这影响了他们的态势感知能力以及对感知到的紧急情况做出反应的能力。

要改善睡眠质量，除了借助医学和药物的力量，还要掌握一些小技巧，如网上流传的"美国军事睡眠法"。这种方法最初是由美国陆军开发的，目的是让士兵随时入睡。根据报道，仅六周内，96% 使用该方法的美国陆军航空队的飞行员都能在 10min 内入睡（即使背景中有枪声）。

这个睡眠方法包括 5 个步骤。

（1）放松你的脸。重点关注额头、眼睛、脸颊、下巴等部位。先感受一下这些部位的紧张感，然后有意识地将其舒缓。

（2）放下你的肩膀。让你的手臂向下垂，肩膀放松。想象一下，有一阵柔和、温暖的风轻轻地把你的手臂向下推。

（3）深吸一口气。慢慢吸气并呼出。当你这样做时，请注意这个动作可以如何使你的胃放松。

（4）放松双腿。刚刚的暖风又回来了，这一次它轻轻地放松了你的双腿。让双腿沉入床或地板中，仿佛它们被灌了铅，而床很软。

（5）清理你的思绪。有几种方法可以做到这一点。例如，尝试想象一些平静的图像，如躺在流淌的河边或凝视云朵。如果这些不起作用，请尝试一遍又一遍暗示"放空自己"大约 10s。如果你分心了，别气馁，只需将你的思绪拉回这两种技巧中的一种即可。

当然，助眠的方法还有很多，以上只是其中一种，好处是不受外部条件限制，可以便捷操作。不管你是辛劳的船员，还是想改善睡眠质量的普通人（特别是正在成长关键期的青少年），都不妨试试看，希望更多人都能好好睡觉，安稳舒缓地回到"黑甜乡"度过 1/3 的人生，再精神百倍、元气满满地归来。

5.6 万一掉海里了，怎么办？别游泳，别喝尿，保持希望

自从人类开始航海活动，海难就频频发生。最广为人知的海难，著名的泰坦尼克号（Titanic）事件就造成 1500 多名乘客与船员遇难。100 多年过去了，类似的悲剧并没有停止。

虽然和百年前相比，现在的船越来越先进，船的安全性和救援工作也不断提升，但海难事故总是难以避免的。

不管是因为船发生了危难，还是不小心落入海里，在等待搜救之前，首先要懂得自救，而自救之前，你需要知道的是：

在海上，一旦离开大船的庇护，面临的风险不仅仅是溺水，还包括海上的一切危险因素，如滔天的巨浪、冰冷的海水，所有恶劣环境都可能危及求生者的生命。

其中，最普遍的几种危险是：低温、动物攻击、晕船、天气变化、伤病、脱水和饥饿。

5.6.1 假如落水，会遇到哪些困境？

先说最坏的一种情况：落水。不管是不小心掉到海中，还是因为船发生了危难而弃船，人都有落水的可能。

落水后，人首先面临的困境是：低温。

在冷水中，身体热量会迅速散失，体力很快耗尽，严重的会丧失意识或昏迷甚至死亡。如果这时候被突然而至的大浪卷走，人在寒冷的海水中会无法呼吸而导致溺水，然后身体僵硬不能自救从而失去获救的机会。

研究表明，落水者的生存率和生存期与海水温度紧密相关，当然也和人的体力有关。一般来说，当水温为 0℃ 时，落水者只能在水中坚持 15min；水温在 2.5℃ 时，可坚持 30min；水温 5℃，可坚持 3h；水温

15~20℃，可坚持 10 多个小时。

除了低温，掉到海里还可能遇到海洋动物的攻击。比如，人裸露的皮肤会被水母蜇伤，带血的伤口可能会招来鲨鱼攻击。

5.6.2　有救生艇筏也并非万全

即使你幸运地进入救生艇筏，也只是暂时摆脱了危险。因为海难大多发生在远离陆地的地方，沿岸的救援力量往往无法及时赶到，救生艇筏会受风、流的影响发生漂移，远离出事海域而迷失在茫茫大海中。

这个阶段要经历的考验是：晕船。救生艇筏体积小，遇到大的风浪就会产生剧烈的摇摆颠簸，可能你觉得"平时我一点都不晕船"，但这种晃动与大型船舶不同，会更容易让人晕船，即便是经验丰富的船员也不可能避免。这时候，晕船不仅本身会带来生理的痛苦，还会让人精疲力竭，求生的意志越来越弱。

如果继续在海上漂流，意想不到的事会接踵而至。

如果正值寒冷天气，因为救生艇筏长时间暴露在冷空气中，又缺少保温物品，人的手脚会被冻伤，有的幸存者获救后会因为冻伤严重而被截肢，严重的会因体温下降得过快过低而危及生命。

不仅低温危险，高温也危险。天气炎热时，长时间暴露在酷热环境下会引起中暑，导致发烧、头痛、恶心、呕吐、神志不清等。在日光照射或水面反射的强紫外线照射下，会造成皮肤灼伤，严重会产生晒斑甚至危及生命。

此外，伤病也会带来风险。比如，紧急撤离时造成的摔伤、撞伤，因船舶着火、爆炸等造成的烧伤、炸伤，以及此后的冻伤、晒伤等，如果这些伤病无法得到及时护理，伤口感染会使病情进一步恶化，甚至会因此丧命。

海难发生后，获救的最佳时间只有最初几天，如果没有被救助船舶或飞机及时发现，那么存活的概率就越来越小。这种时候，就要做好长时间海上漂泊、等待救援的准备。

在长期漂泊待救的过程中，最主要的困难还是脱水与饥饿。在海上漂着，饮水与食物极度缺乏。长时间的饥饿会使人行为失控，脱水会使求生者易怒、产生幻觉甚至神经错乱，严重的还会因体内水分丧失过快，导致组织器官衰竭而死亡。

5.6.3　离船时不要惊慌，离船时保持希望

首先，不要惊慌。不管你是不小心落水，还是因为船发生危难后，不得已弃船逃生，保持镇定、从容应对都是首要的。

比如，如果是船发生危难后到了最坏的一步，船长下达了弃船的命令，千万不要惊慌，越慌越乱。最好的策略是服从指挥，立即穿好救生衣，在 2min 内赶到指定的集合地点（一般为救生艇甲板）。普通乘客上船后都会先接受安全培训，就像观看飞机起飞前的安全视频一样，了解船上的救生设备以及集合点。

另外，保持镇定也有利于个体做出最有利的行动。2014 年，韩国"世越"号沉船的最后一名幸存者，就是在水阻挡住通路，其他人都惊恐万状时，他镇静地鼓足勇气潜入水中，逃离沉船，成功地进行了自救。

"保持希望"看起来像是鸡汤，但在海上，会带来实实在在有用的精神支撑。

近百年来，在人类征服海洋的历程中发生过无数次海难，每次海难中都会有一些幸存者。从那些获救者身上，可以总结出一些共同点，或许可以作为一些自救经验参考。

首先，他们都依靠一定的救生设备。比如，救生艇筏、救生衣等漂浮物，甚至有人只依靠一个矿泉水瓶，在海中漂浮 8 个小时后获救。

而且，他们本身都有较强的生存能力，能克服恶劣环境的影响。他

们会想尽一切办法补充身体所需要的营养与水分，比方说，如果淡水用完了，就自制简易的装置收集雨水或者利用海洋生物的体液来补充淡水。

最重要的是，他们身上都有着顽强的生存意志。很多海难事件证明，处在同样的恶劣环境下，毫无生存意志的人，生存时间会更短，有的遇难者甚至在获救前一天选择了自杀，令人扼腕，而那些有强烈生存信念的人则能生存更长时间。

5.6.4　等待搜救时，如何自救？

海上的情况变幻莫测，可调配的救援力量薄弱，支援手段缺乏。对船员来说，掌握海上自救和互救的知识非常重要。

以下是一些自救渠道和方法。

1. 发送求救信息

在海上，船舶一旦发生碰撞、触礁、搁浅、漂流、失火等海难事故或遇人员落水、突发疾病时，都要发送求救信息，等待救援。

如果条件允许，可以用手机直接拨打海（水）上搜救专用电话。请牢记这个电话：12395。可以这么记："123，救我。"

船员还可以通过高频电（VHF）、DSC、GNDSS卫星通信系统、应急示位标、单边带等船用救生设备发送求救信息。信息内容包括：遇险的具体情况、时间、地点、遇险性质以及所需帮助。

如果没有以上这些技术设备，你也可以利用别的工具来表明自己的位置，包括但不限于以下这些。

闪光的金属物：比如镜子，可以反射阳光来传递信号。

救生烟火信号：分为白天和夜晚用的两种。其中，夜晚用的又分为两种：一种是持续发出耀眼的光芒，像焰火一样；另一种是红色降落伞信号，会带着光往下落。白天则是用烟雾罐，会发出橙色的烟雾。

防水手电筒：可以在夜间发射信号。

自制信号旗：将布绕在长棒的顶端作信号旗使用，红色的最容易被发现。

海上求救灯：救生衣和救生圈上有自亮浮灯，使用海水电池，一旦浸入海水中灯泡就会亮，可持续发光 15h。

铝制尼龙布：反光性强，从远处就能发现，而且也容易被雷达所发现。

总之，手边有什么就用什么，目的就是传递信息，让自己容易被发现。

2. 在等待时，保持自己的身体状态

落水后能存活的时间，取决于获救前在海中支撑时间的长短，这不仅取决于个人体质强弱，也取决于是否采用了正确的防护自救手段。

落水后，为了保持身体状态，你需要做到以下几点。

保暖：在穿上救生衣之前，应尽可能多穿衣服，这样可以更好地隔离海水，避免热量散失，如果船上有保温服，一定要穿上；浅色衣服优先，因为更容易被看到；另外，尽可能将身体上的金属物品去除，如皮带扣和鞋扣，防止掉进救生艇的时候意外刺穿它。

姿势：有一个重要的姿势可以减少体温扩散，那就是国际上有名的"HELP"姿势：将两腿弯曲，尽量收拢于小腹下，两肘紧贴身边夹紧，两臂交叉抱紧在救生衣胸前，保持只有头部露出水面。

处理痉挛：万一出现痉挛（抽筋），千万不要慌张。这时候改变原来的游泳姿势，深吸一口气，将头向前弯入水中，四肢放松下垂，慢慢用力按摩痉挛部位；另外，还可以在水中尽力拉伸来缓解痉挛部位，就跟我们游泳的时候小腿抽筋一样，把腿拉直。

保持漂浮：落水后不要挣扎，先深呼吸一口大气，让身体浮起，千万不要喝到海水；借助一切有浮力的东西，如救生衣、救生圈，救生

衣一定要绑紧，因为海浪可能会把结冲开，救生圈也要抱紧；如果没有救生工具就寻找材料，如空瓶子，泡沫等，把它们塞到衣服里增加浮力；如果有大件漂浮物可以抓住它让自己漂浮，但是记得要在上游时才可以利用大件漂浮物，如果在下游的话，一个浪打过来就会被撞到。

禁止游泳： 求生中很反直觉的一点是，不要游泳！不管你的游泳技术有多好，都是不可能游到岸的，在暂时没有生命危险的情况下，最好的办法就是不要动，或者尽可能靠近临近的漂浮物，尽可能保存体力，等待救援，如果发现附近有船舶，再想办法向他们发出救助信号。

保持希望： 在海上等待救援，要面临身体和心理的双重考验，人在这种时候很容易悲观绝望，尤其在感觉获救无望的时候，人的精神会完全崩溃，失去活下去的信念。所以，千万记住：保持希望。

除了以上介绍的部分，还有一些要点，也可以带来帮助，如最好采取集结形式浮在水面上等待救助，就像走夜路时尽量不要单走；另外，要努力获取各种食物和淡水来维持生存。

要强调的是，要维持生存，我们需要喝淡水，而不是海水或者像一些极限生存节目里展示的"喝尿"。

在等待救援的过程中，淡水很重要，甚至比食物还重要。如果有淡水，没有食物，漂浮海上的求生者可以存活 30~50 天；而如果没有淡水，只有食物，漂浮海上的求生者仅能维持 3~7 天。

如果是在救生艇筏里，会有配备的淡水，但也要做好规划，省着喝。一般分配的规律是这样：最初 24 小时不饮用淡水（但伤病员除外），然后每人每天 0.5 升，而这 0.5 升又分为三等份，分别在日出之前、日中和日落喝掉。

喝的时候也要注意：淡水珍贵，所以不要把淡水一口饮尽，而要小口小口地喝。喝的时候，尽可能把水多含一会儿，让水充分浸润口腔和嘴唇，然后缓慢下咽，这样可以充分发挥饮用水的最大作用。

如果淡水有限，用完了怎么办？求生时，必须要有补充淡水和随时收集淡水的意识，如自制简易装置来收集雨水和露水，利用海洋生物的体液，有条件的话，还可以通过简易的海水淡化装置来补充淡水等。

以上系列措施，尽量都能做到的话，就会赢得比较长的生存期，坚持到"船来救你了！"

附："船来救你了！"在你等待时，来救你的船和人在做什么？

一、如果是不小心落水，你自己的船和伙伴会怎么救你？

一旦发现有人落水，船员要做的是：一边有人去救，一边有人保持观察避免船伤到落水者。这两点是同时进行的，都很必要。

首先需要让落水者保持漂浮，可以把就近的救生圈抛向落水者。

然后通过各种方式通知驾驶台左（右）舷有人落水。驾驶员收到通知或发现人员落水后，先向落水者一舷操满舵，将船尾甩开，避免螺旋桨伤害落水人员。

另外需要专人在驾驶台侧翼位使用望远镜负责瞭望，始终保持落水人员处于视野之中，不断报告其方位。

同时，要采用正确的操纵方式接近落水者。图 5-20 呈现了两种救

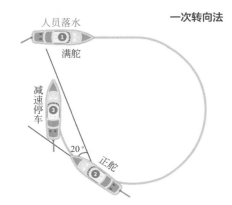

一次转向法

1. 向落水者一舷操满舵。
2. 当落水者与船艏舷角成 20°时，正舵，减速并停车，利用船舶惯性缓慢驶近落水者上风侧位置。
3. 如果由于在夜间或能见度等因素影响，无法确认落水者位置，则应在船舶转至离原航向 250°后（如原航向 90°，转至 340°），正舵，减速并努力寻找落水者。

图 5-20 救助落水者的两种救援方式

两次转向法

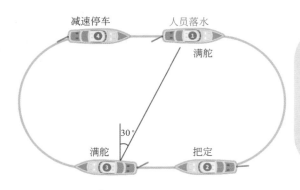

减速停车 人员落水

满舵

30°

满舵 把定

1. 向落水者一舷操满舵。
2. 船舶转向180°后，把定航向前行，观察落水者位置。
3. 当落水者位于船舶正横后约30°时，再向落水者一舷操满舵。
4. 船舶转向180°后，减速并停车，利用船舶惯性缓慢驶近落水者上风侧位置。

图 5-20 （续）

助方式：一次转向法和两次转向法。要控制船停在落水人员上风侧（风吹向物体或人的一侧），而救生艇从落水人员下风侧（风离开物体或人的一侧）缓速接近他，避免救生艇碰伤落水人员。

将落水人员救上船之后，立即视情况对其实施急救、保暖或采取其他措施。

二、茫茫大海上，专业救援者通过什么路线找到你？

海上搜救中心收到遇险报警，会第一时间接警，并立即启动应急预案，全力开展搜寻救助。但由于海域面积太大，十几米和几百米长的事故船在海上就如同沙漠里的一粒沙，海上搜救难度非常大。

那在海上用什么路线搜寻才能尽快找到遇险的船和人呢？

接下来介绍几种专业的搜寻方法和路线。

1. 扇形搜寻法

如果目标位置准确或搜索区域较小，扇形搜寻法（图 5-21）是最有效的方式。即以 2~5 海里为半径，每次转向 120° 搜寻。通常，扇形搜寻每次都是向右转向。如果一个船员看见另一个船员从船上掉出舷外，通常会使用这种方法。

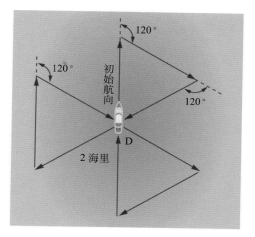

图 5-21　扇形搜寻法

2. 扩展方形搜寻法

如果目标位置相对比较近，那么扩展方形搜寻法（图 5-22）是最有效的，此方法经常用于船舶或小艇搜寻落水人员或其他目标。

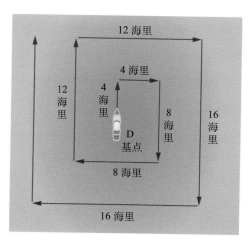

图 5-22　扩展方形搜寻法

3. 平行搜寻法

当有 2 艘以上船舶同时参加搜寻时，可采用平行搜寻法（图 5-23），

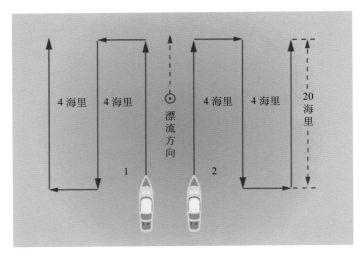

图 5-23　平行搜寻法

也就是各船以 4 海里的间隔，保持并列前进。通常采用顺浪（或逆流）方向进入，驶完航程后按直角转向。

4. 联合搜寻法

当海上现场指挥员在场，船机之间有良好通信联络的情况下，才可以进行船机联合搜寻。一般是这么操作：由船舶稳定保持在现场指挥所指示的主航向上，飞机则相对主航向做如图 5-24 所示的机动，以充分发挥飞机速度快的优势。

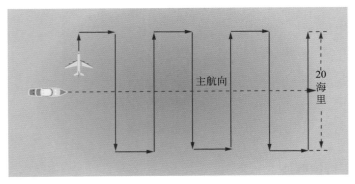

图 5-24　联合搜寻法

在海上，应急救援力量少，救援难度又大，在茫茫大海上等待救援着实是个艰难过程，因为实际上的时间流逝本就漫长，再加上内心的煎熬造成的错觉，会让等待的过程更为难熬。这种情况下，确实很容易让人产生绝望情绪，一旦绝望滋生，生命将更快终结。

现在，随着科技进步，救援时间有望大大减少，但还是请始终牢记：保持希望是活下来的第一要素。

保持希望、保持希望、保持希望——重要的提醒说三遍。

最后，这篇文章里的信息，希望你永远都用不到。

5.7　来认识一下船上的救生设备

1912 年 4 月 14 日午夜，载着超过 2200 名乘客和船员的泰坦尼克号撞上冰山，次日 2 时 20 分，这艘当时最先进的邮轮沉没于北大西洋冰冷的海水之下。

1500 多人罹难，主要原因就是因为救生设备配备不足。也正因为有了这次惨痛的教训，引起了国际上很多国家对船舶救生设备的关注。

1914 年 1 月 20 日，13 个国家达成了最初版的《海上人命安全公约》，该公约经过近百年来的不断修正，形成了现行版的《国际海上人命安全公约》，简称 SOLAS 公约，该公约第三章对船舶救生设备的配备进行了明确要求。

船舶上配备的救生设备，其实有些我们在日常生活中也或多或少地接触过，如救生圈，而有些或许很多人是第一次听闻，如保温救生服。

接下来为大家一一介绍。

5.7.1　救生圈

救生圈（图5-25）是船舶上最常见的救生设备。一般用轻质固有浮力材料制成，外表有反光带。

图 5-25　船上的救生圈，旁边是自亮浮灯

（张志友团队／摄）

不同长度的客货船，会配备有不同数量的救生圈。我们普通人要记得的是，救生圈平时平均分布在船舶两舷的存放架上，而且不允许系固在存放处上，要能随时取下。

当发现有人落水时，要尽快把救生圈抛向落水者，落水者抓住救生圈后，可利用救生索将落水者拖拽至船旁救起。如果自己遇到海难，也可以抓住救生圈等待救援。

救生圈一般会配备有自亮浮灯及自发烟雾信号等属具。到了夜晚，自亮浮灯会显示人的位置。自亮浮灯通常使用海水电池，使用时拉掉进水拉盖，海水进来电池就会生效，灯泡就会亮。自发烟雾信号罐也与绳索和救生圈相连，抛救生圈时，拉环也会随之被拉掉，烟雾罐也会跟救生圈一起漂浮在水面上，并发出橙黄色烟雾，可以显示人的位置。

5.7.2　救生衣

我们国家的水面活动都要求穿救生衣（图 5-26）。不管是在海滨城市乘船，还是在内陆地区乘坐游艇或游船，船员都会提醒我们穿好救生衣。

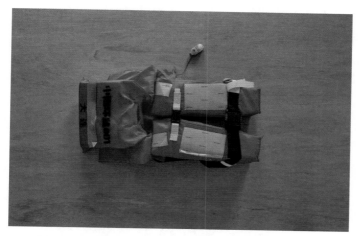

图 5-26　船上的救生衣，现在是收起来的样子

（张志友团队 / 摄）

住在船上的舱室内，打开床头柜或衣柜，就会看到救生衣。值班人员的救生衣会直接放在驾驶室、机舱及其他值班地点。

救生衣一般为橙红色，因为这个颜色在海上更容易被发现，提高生存率。救生衣可以保证使用者漂浮于安全状态，脸部高出水面一定高度，同时还能减少体热散失，延长在海上漂浮待救的时间。

救生衣会配有一只哨子和一个救生衣灯，救生衣灯大多是海水电池，电极浸在水中灯就会亮。现在，某些新式高端救生衣中，还会配有定位装置，落水后及时打开，可以显示位置。

所有在船上的人，无论年纪大小，都要一人一件救生衣，所以客船上必须配备儿童救生衣和婴儿救生衣。另外，在甲板的明显部位，还要附加配备不少于船上总人数 5% 的救生衣，以备应急需要。

5.7.3 保温救生服

对于邮轮、远洋运输船等大型船舶，仅仅配备救生衣、救生圈是不够的。因为救生衣和救生圈仅能保持人员漂浮在水面上，在寒冷的气候中却不能防止落入水中的求生者身体热量的散失，因此，在这些船上还要求配备保温救生服（图5-27）或防暴露服，目的是让求生者在冰冷海水中尽量保持体温，争取救助人员的搜索和营救时间。

图5-27　船上的保温救生服。保温救生服是连身式服装，也就是上衣与裤子连在一起。平时是卷叠的状态，放在专门的包里，存放在救生站和船员住舱内

（张志友团队／摄）

保温救生服一般采用不透水的保温材料，穿着时可以盖住除脸以外的身体部位，保持内部衣服干燥，并且有效减少在冷水中的体热散失。

5.7.4 救生筏

对于救生筏，SOLAS公约有明确的规定，国际航行的客船每船配

备救生筏的数量，至少能够容纳船上总人数的 25%。

　　救生筏有不同的类型，其中，最常用的是气胀式救生筏（图 5-28），很多民船和军舰上都在用，一般安装在船舷专用筏架上。

图 5-28　船上配备的气胀式救生筏

（张志友团队 / 摄）

　　使用时，可以直接把救生筏抛入水中，它会自动充气，外层的硬壳会被弹开，救生筏会自动充胀成一个小帐篷的样子漂浮在水面上，人可以跳进去或攀扶着船进入救生筏。要是船舶下沉太快来不及抛下，筏架上的静水压力释放器会在船沉到水下一定深度时自动脱钩，释放出救生筏。

扫码看看救生筏打开后的样子

5.7.5 救生艇

目前，船上配备的救生艇一般是玻璃钢材质，可以分为三类：开敞式救生艇、部分封闭式救生艇和全封闭式救生艇。

开敞式救生艇的优点是空气流通好，艇上求生人员不易晕船；但缺点是艇上人员会直接暴露于自然环境中，遇到低温或高温环境也会影响生存时间，而且救生艇被风浪打翻后，不能自行扶正。

开敞式救生艇一般配备在沿岸小型船舶及内陆水域船舶上。

部分封闭式救生艇的特点是，设有永久固定的刚性顶盖，中间还有可折式顶篷，救生艇可以被完全罩住，避开外界恶劣环境；另外，现代生产的部分封闭式救生艇也有自行扶正功能。

目前，部分封闭式救生艇主要用于巡航船、渡船和客船。

全封闭式救生艇（图5-29）的优点是，上部的刚性顶篷是封闭固定的，两舷及前后有通道盖，盖内外都可以开和关，关闭时能保证良好的水密性和隔热保温性，所以这种救生艇可以最大限度地保护求生者免受外界恶劣环境影响，而且都有自行扶正功能。但缺点是通风较差，求

图 5-29　船上配备的全封闭式救生艇

（张志友团队／摄）

生者容易晕船。

根据国际海事组织要求，全封闭式救生艇是国际航行货船和客船必须配备的主要救生设备。

人员安全离开难船在海上漂流待救，这只是求生的第一步。能不能脱险，还要看救援人员能不能快速找到他们（图5-30）。所以，要快速发出遇险信息，并让救援船舶或飞机快速找到自己，还需要在船上配备无线电救生设备与视觉求生信号物品等。其中，无线电救生设备主要通过搜救卫星或雷达波来搜寻求生者位置并进行救援现场通信。

图 5-30　船舰正在开展搜救落水人员训练。

（张志友团队 / 摄）

比如，图5-31中的搜救雷达应答器，当船舶发生紧急情况时，可以携带且手动打开发射警报，发射成功后，会有红灯闪烁且伴有飞鸣声，随着距离不同，在导航雷达上显示的图案也不同。

视觉求生信号则可通过火焰、烟雾、反射太阳光向过往船舶或飞机发出求救信号。比如，图中的漂浮烟雾信号，它被点燃后能漂浮于水面，并在一定时间内匀速地喷出橙黄色烟雾，而不喷出任何火焰的求救信号。

和上一节一样，本节介绍的，也都是一些"希望你永远用不到，但知道了就可能在关键时刻救命"的信息。上一节侧重人本身需要掌握的信息和技能，本节着重介绍船上的工具设备，掌握技能重要，使用工具也同样重要——毕竟，是后者将人类与动物区别开来的。

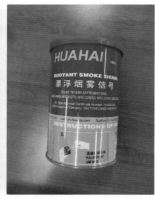

图 5-31　左为搜救雷达应答器，简称 SART；右图为漂浮烟雾信号

（张志友团队／摄）

第 6 章
奔腾入海的未来

自古以来，海洋都在人类心目中神秘而特殊的存在着。尽管海上充满了各种不确定性和随时而来的风险，但这些都不能阻止人们对海洋的奔赴。

我们去航海，是为了生存，为了探索未知的梦想，亦或者，因为海就在那里。

但，希望在出发前，了解并保护海洋，我们才能和海洋共赴期望中的未来。

6.1　人类为什么要航海？

探索是人类的本能。当我们的脚步从平原越过山川，目光也随之越过高高的山脊，望向了远方的蔚蓝大海。

为什么要去航海？——要回答这个问题，可以借用那句广为流传的话：

因为海就在那里。

6.1.1　航海是刻在人类骨子里的基因

世界上一半以上的人口是靠海生存的。生活在内陆的居民可能很少能感受到，但对很多人来说，海洋是"与生俱来"的。海洋是食物的来源，是娱乐的场所，是交换的渠道，是发现自我和世界的大门。

早在公元前 3000 年前后，古埃及和古巴比伦的人们就开始驾船出海打鱼，进行一些零散的贸易。而后，人们积累了越来越多的航海知识和技术，于是走向了更深更远的海洋，开始了海上贸易，也开始了遥远的探险。

中国人也在相当早的时期就开始航海了。战国时期到唐朝初期是第一个快速发展阶段，当时的船只主要用于内河运输，而后才逐渐向海洋发展，船只规模虽然小，却也有一定技术含量。春秋战国时的齐国、吴国和越国，因为在黄海和东南沿海的海战和商业交流，已经成为海上"强国"，当时还有从辽东半岛到日本北九州的商业航线。

到了唐朝，海上丝绸之路开始形成：从广州出发，到波斯湾和东非以及欧洲的海上航线，全程约 14000km。这也是当时世界上最长的远洋航线。

明朝时期，中国的航海事业进入又一个发展高峰。政府开始鼓励国际贸易，其他国家在中国口岸开办商行，并在沿海建立了贸易据点。这一时期，中国船只的规模、数量、技术和建造质量均达到了一个高度发展阶段。据史料记载，明朝三大航海家郑和、李海舟和王直的远游尤为著名。13 世纪，郑和率领最大船队进行了 7 次远洋航行，累计访问了 36 个国家，抵达了东南亚、南亚、中东等地，是中国航海史上最为出名的航海活动，被誉为中国的"世纪航海"。

到了现代，2013 年，中国政府提出了"一带一路"倡议，加强海洋合作、促进沿海城市发展等举措，推出了"南海一号"等展示中国古代航海文化的项目，意味着我们不仅要发扬传统，还要继续发展海洋事业。

西方的航海活动也同样历史悠久，最早可追溯到古代希腊、罗马时期。但大规模和长期的航海活动兴始于 15 世纪，也是在这个时期，欧洲开始了大航海时代。例如，葡萄牙王子恩里克（Henrique）向南远航，探索非洲海岸，著名的探险家哥伦布（Columbus）在海上航行了两个月，揭开了美洲大陆的神秘面纱，并开展了对印度洋和非洲的探险活动。随后，众多欧洲国家相继派出探险家进行了大规模海上探险和殖民活动，这一时期也被称为"殖民主义时代"。值得一提的是，臭名昭著的黑奴贸易也是在这一时期随之发展起来的。

19 世纪初，蒸汽船的发明和使用为人类航海带来了重大的变革。蒸汽船速度快、航行稳定、航程远，大大缩短了航行时间。20 世纪初，内燃机的发明又进一步提高了船只的航行速度和效率，海洋交通逐渐成为国际贸易和文化交流的主要手段。

今天，人类船舶技术已经高度发展，大型远洋船行驶在海上，固定跨海等大型桥梁连接起不同国家和地区。航空技术的进步使飞机能够进行更远、更高速的航行，而卫星通信和导航技术的发展为海运、空运甚至航天活动提供了更为精准的信息支持。

可以看到，随着人类航海技术的不断提高，我们能探索到的地域也越来越广阔，而航海的重要性也越发显著。

6.1.2　海神管的面积可大了

全球各地的人们都有海神信仰，也就是认为有一些可以影响海洋和环境，掌管海洋中的生物、天气和安全的神明。人们把对海洋的敬畏和崇拜寄托到这些神明身上，并向它们祈祷，希望它们能控制风浪，保护人们的安全。

在古希腊神话中，波塞冬（Poseidon）被认为是海洋之神，同时也是负责地震和马匹的神祇。在罗马神话中，海神尼普顿（Neptune）被奉为海洋之主，同时也是清泉之神。在北欧神话中，尼约德（Njörd）被认为是海神和旅行者之神，负责掌管海洋、风和水流。而夏威夷人认为，卡那罗（Kanaloa）是大海、生命和万物的精神领袖，也是珊瑚和海洋的保护神。

中国最广为流传的海神大概就是四海龙王了。从商周时期起，中国人就开始崇拜海龙王了。汉代时，龙王成为海洋信仰的主要神祇，人们认为他们能够控制大海、大小浪潮、风暴水灾等海洋灾害，祈求他们保佑人间风调雨顺、不旱不涝，并保护海员船只的安全。到了元明时期，他们还有了自己的名字：东海敖广，南海敖润，西海敖钦，北海敖顺。而且，龙王还被认为是用鱼盐来养活人类的，是爱护民众的好神仙。

在中国古代，海神信仰不仅仅是人的信仰，也是当时政治和军事力量的一种象征。比如，四处搬动龙床，也是为了让龙王主宰的军队能够取胜，还能预示国家日后的繁荣和昌盛。在北方地区，为了防止水灾侵袭以及祈求获得丰收，人们也会举行祭龙祭海的仪式，确保龙王对人们的庇护。

到了现代，人们的信仰方式也开始多样化。在地方文化中，尤其是福建沿海、广东沿海及海南岛这些依海生存的地方，传统的祭海活动仍然非常盛大。人们向海洋献上水果、鱼类、饼干等供品，来祈求海洋庇佑人们平安和幸福。妈祖的信仰深入人心，连派出所和法院都会用妈祖的威严来调解纠纷。这里的人们不仅崇拜妈祖，还邀请妈祖去各地巡游。为了方便她出行，厦门航空甚至给妈祖做了一张身份证。

随着时代发展，人们对海洋和自然的认识也在不断改变。海洋不仅仅是人们的粮仓和守护者，还成为国家经济和现代化发展的重要组成部分。

6.1.3 海洋的馈赠：经济、文化和科学的进步

海洋是地球上最多元化、最广阔的资源池之一，航海技术的出现为人类的经济和贸易发展提供广阔的空间与机会。

15—18 世纪，欧洲的航海家在大西洋、印度洋和太平洋上发现了新的海上贸易通道，通过跨越大洋进行贸易来推动经济的增长，贸易成本降低，商品流通拥有更加方便快捷的方式。

中国的茶叶、陶瓷、布匹等商品通过海上运输航线被送往世界各地，在中世纪，西方的贵族可以品尝中国的茶叶，穿着丝绸纺织出来的衣服。在美洲，欧洲人向印第安人介绍了刺绣、染料、金属制品、陶器等制造行业，这些产业迅速成为印第安文化中的重要品牌。各地稀有的产品也作为奢侈品进入外地市场，全球逐渐成为一个巨大的开放的市场。从几百年前珍贵的贵金属、药草到现代的商品化产品、工业化产品，再到奢侈品和目前的高科技产业，海上贸易中的产品种类可谓应有尽有。

这些贸易当然也给中国带来了深远的影响。比如，麻辣这种口味，也是海洋的礼物。辣椒原产美洲，在大航海时代之前，亚洲人是没有这个口福的，当然也就没有如今的经典川菜了。

除了调味品，还有更重要的主食。地球如今能容纳 80 多亿人，很大程度上就得益于从美洲传出来的土豆和玉米。在汉代以前，中国和欧洲根本没有土豆和玉米。土豆和玉米这两种作物的亩产量都非常高，比亚欧大陆原来的小麦、稻米都要高得多。同样面积的土地，如果种土豆、

玉米的话，能养活更多的人。人口爆炸式增长，就是大航海把土豆、玉米传遍全球的显著结果之一。据统计，就在清初的两百年的时间里，中国人口数量从 1 亿增长到 4 亿，很大程度上是因为有高产量的作物。

有一个专门的词汇用来形容通过海上交通路线不同大陆间的物种交换，那就是：哥伦布大交换。我们今天的生活很大程度是被哥伦布大交换所塑造的。比如，上班族不可缺少的咖啡。哥伦比亚咖啡、蓝山咖啡等都是通过大航海从非洲运去美洲的。还有现在世界上最好的牛肉，都来自阿根廷、澳大利亚、新西兰这些国家，但最开始的牛也是漂洋过海从欧洲去的。

除了产品的丰富和物种流通，海洋贸易带来的商业模式的转变也是如今全球贸易的基础。

从大航海时代起，一批有远见的商人通过取得独家管辖权，为自己争得了贸易的特权和控制权，并创造了全新的商业模式，如英国和荷兰都成立了自己的"东印度公司"，它们用货币来代替物品的实际交换，使用合同代替口头协议，并通过股份制来吸引投资者，进行资本投资，推动了商业模式的创新。这种垄断模式虽然充满血腥；对被殖民地区的资源和商业产生了毁灭性的影响，但同时也确实实践了股份制的形式，为现代企业的发展开拓了方向。

海上贸易也推动了经济的专业化和国际化，更好地利用了各国不同的资源，提高了各国的生产力。比如，中国由于具备丰富的钢铁资源而成为全球钢铁生产大国，南非的采矿业也得到了更大的发展。

航海连通了世界各国，自然也促进了不同文化、宗教、民族之间的交流和了解。

地中海的海上贸易推动了美索不达米亚和古埃及的发展，并且给予罗马帝国在财政和文化方面长期的支持。在文化融合的背后，航海无疑是推动各个社会文化之间对话的互动平台。

语言逐步传播得越来越广。在大航海时代的商业交流中，占有优势地位的英语、西班牙语、法语等都随商船传入了世界的各个角落。如今南亚的一些国家，通用语言可以有四五种，街头标牌也是多语标识，当地的人们已经习惯了生活在多元文化中。

天主教和基督教也随着商船的航线，在亚洲、美洲生根发芽。基督教成为世界上最具影响力的宗教之一。即使是在远离海岸的边远山区，也常常有基督教堂伫立。整个南美洲几乎都是天主教的世界，里约热内卢的耶稣基督像重达两百吨，不仅是城市的标志，也是世界上最大的基督像。宗教的仪式和习俗对整个南美洲的文化至关重要。

欧洲的信仰带来了一种新的文明和秩序，但也导致了原住居民失去了自己的信仰和文化。这种漫长的改变对人类社会产生的整体影响，直到如今仍然是重要的文化研究课题。

伊斯兰教从东南亚到非洲，在世界各地也得到了不断的发展。穆斯林和基督教徒之间的交流促进了阿拉伯文化和欧洲文化的交融，特别是在艺术、文学和哲学方面。同时，佛教和印度教也在亚洲获得了广泛的支持和传播，成为亚洲文化的重要组成部分。

经典文化和流行文化以同样的速度抵达远方，莎士比亚和流行音乐一起，塑造了一代代的融合文化。很多欧洲音乐在亚非拉地区得到了本土创新，形成了独特的风格。为了保留自己的特色，各种不同的文化也正在有意识地加深传承，把自己的文学、音乐、舞蹈等各种艺术介绍和推广出去。

航海带来了机会，也带来了挑战；带来了交流，也带来了困境。这种情况自从海上交易开始就一直处于混合的局面，全世界各地都在被影响和影响他人中徘徊、奋斗。

航海打通的不仅是贸易和文化交流的渠道，也有科学传播的渠道。除了船舶技术本身外，其他的现代科学也被航海实践带动，有了长足的发展。

为了方便准确地航行，海员需要了解气候、气象、海洋环流、海岸线等信息，这都是地球科学的基础。

比如，怎么评估和记录海上风的大小？ 1805 年，英国海军上将弗朗西斯·蒲福（Francis Beaufort）建立一套风力等级表，这就是目前仍在使用的国际风强度表的基础；而海军上校威廉·里德（W. Reid）在加勒比海执行任务期间，不断收集资料，探寻风暴的本质，并于 1838 年出版了《风暴规律初探》。他们都为气象学的发展贡献了重要的力量。欧洲人最早建立起全球气候观测体系，帮助我们了解全球气候变化。

我们对板块构造学和地震的研究，也得益于航海技术和资料的丰富。环太平洋地震带、大西洋洋中脊等，都是因为航海技术的发展才得以进行深入的研究，通过声呐、深海探测器等方式，测量海底的地貌变化，探究了地质演化、地壳下的物理和化学环境等重要问题，推动了地质学的进步。

要进行极地考察，更是离不开在冰冷海洋中的航行经验。如何导航，如何使用破冰船，都需要航海基础。生态学研究也需要航海的支持，科学家利用船舶采样、观测、测量，了解海洋生态，了解占地球 70% 面积的世界。甚至，在海中航行时，有一些具有荧光的海洋生物会附着在船体上，影响船体的隐蔽，为了解决军舰的航行安全问题，海军也会委托有关科学家研究各种海洋生物的习性，为生物学开拓了新的方向。

在海洋中航行的经验，也能为航天事业提供帮助。因为外太空和深海有一些类似的环境，如低温和高压，航天员的一部分训练是在水底或者海底进行的。他们需要学会潜水，在水中保持平衡，并学会在寒冷和水压环境下处理机械问题。

为航海开发的技术和工具，也为全球定位系统、卫星地图和遥感技术的发展奠定了基础。可以说，航海事业的突飞猛进也带动了科学的飞速发展。

6.1.4 航海的黑暗面

航海给人类带来了无数的财富和进步，但海洋自身，却被迫陷入了环境恶化的困境。

在探索海洋的过程中，污染是难以避免的问题。一来船舶会排放石油、化学品和其他有害物质到海洋中，污染海水；二来船舶的尾气、废水中的磷、氮等营养物质，会引起海洋富营养化现象，微生物过度繁殖，导致海洋水质下降。这些都会破坏海洋生物的生存环境，破坏海洋生物生态的平衡。

全球的热带珊瑚目前出现大量白化甚至死亡。很多珊瑚礁退缩，生活在珊瑚礁附近的生物也失去了栖息地，而依靠这大片海域生存的人类，也因为海洋生态的失衡陷入了生存的窘境。

除了海水污染，船舶噪声也一直威胁着海豚和各种鲸类的生存。这些生物往往靠回声定位在海洋中漫游、捕食以及与同伴沟通，而商船和军舰的巨大噪声经常会导致鲸类生物迷路，甚至大量搁浅、丧命。不管是太平洋沿岸还是大西洋沿岸，都有鲸在浅海海岸搁浅的事故发生。虽然救援队会倾力营救，但因为鲸体形庞大，经常无法被及时推回海中，很容易造成死亡。

此外，大面积的过度捕捞也会直接破坏海洋生态系统，海洋生物物种数量减少、生命周期变短。

这些问题由人类产生，也需要人类去解决。

好在，人类也有了"保护海洋就是保护人类自己"的意识，在不断改善和优化船舶技术、保护海洋环境，促进可持续发展。

在过去几十年中，一系列环保措施已经取得了成效。比如，使用更清洁环保的能源，船舶停止使用渣滓、污染物质，努力改善燃料的质量。还有，通过新的设计，把肮脏的废水处理成可以使用的淡水等。

除了海洋本身的负担，航海带来的殖民问题、病毒也是其黑暗面的一部分。比如，欧洲在北美洲、非洲建立了大量殖民地，对原住民的侵犯、奴隶制度和种族歧视问题不断凸显。奴隶制度极大地减少了非洲的人口，使非洲陷入了比被殖民更深的困境。非洲、北美洲的资源更是被大量掠夺，财富被开采、挖掘，但一点都没有给本地带来好处，资源全都被运往了欧洲。

致命疾病的传播更是导致原住民人口大量减少的原因。比如，黑死病，即鼠疫，还有黄热病、天花等，对于美洲的印第安原住民来说，都是灭顶之灾。美洲人对此病毒毫无免疫力，据统计，欧洲的天花病毒导致美洲印第安人口从接近 1 亿人，减少到不足 800 万人，整整 80% 的印第安人消失了。同时，美洲人也反向传染给欧洲乃至全世界一种顽固的病毒——梅毒。直到今天，梅毒仍然没有被人类消灭。

航海带来了开放、发展，也如同打开了潘多拉的盒子，传播了病毒，导致了死亡。几百年来，人类也在不断反思自己的行为，在开发海洋的同时，谨慎地解决航海带来的各种意想不到的问题。

如今，在各个领域我们都倡导"可持续发展"，这也是因为有无数教训在前。将反思的目光投注到海洋领域，也是如此。我们需要达成这样的共识：保护好海洋，也就是保护好人类自己。

6.2　郑和的"大航海"

对人类文明来说，"大航海时代"是一段特殊的时期。自 15 世纪末到 17 世纪初，这一百多年里，人们不仅有了地理上的新发现，连起了地球的大陆和海洋，还打造了现代社会的基本政治经济格局。

而在大航海时代的帷幕拉开前，东方的一位航海家已在海洋上崭露头角，为中国开创了七下西洋的辉煌航海历史，他就是——郑和。

郑和下西洋不仅仅是一次次海上探险，更是通过这一系列远洋航行提升了航海技术并增强了文化交流，同时宣扬国威，加强了中国在海上的地缘政治影响力，将中国声音传播到更远的地方。

那么郑和是何许人也？他七下西洋究竟用了哪些技术，去了哪里，为了什么以及改变了什么？

6.2.1 郑和何人？

郑和，原名马和，1371年生于云南昆阳县（现昆明市南60km）。

10岁那年，马和的命运开始了戏剧性的变化。洪武十四年（1381年），明太祖朱元璋命颍川侯傅友德为征南将军，率步骑兵30万征讨云南（还在元梁王统治下），并于次年平定云南。在这场战争中，马和被明军给掳去做了太监，而后随军到了北平。进入燕王府工作后，马和得到了燕王朱棣的赏识和信任。永乐二年（1404年），又被明成祖朱棣赐姓郑，乃名郑和。

此后，郑和的航海事业和永乐王朝一起辉煌了20多年。最后，他在第七次，也是最后一次下西洋的航行中去世。传说中，他被葬在印度西部的马拉巴尔海岸（Malabar Coast）附近的大海中。

一个普通太监，何以成长为一名航海将领？

这是一个关乎机缘、才能和不断实践的故事。

郑和得以被重用，首先离不开燕王朱棣对他的赏识。史料记载他"丰躯伟貌，博辨机敏"，是燕王朱棣的贴身侍卫和亲信。朱棣后来不仅赐姓给他，还把他提升为内官监太监，相当倚重和信任他。

其次，郑和被赞誉为"有智略，知兵习战"，意思是，他颇有军事指挥才能。

在朱棣争夺皇位的"靖难之役"中，郑和所建战功远在诸宦官之上。而下西洋这项大工程，需要统领2万多人，协调各部门纷争，同时应对沿路各国复杂的外交关系，皇帝自然需要一位既值得信任又有勇有谋的将领。

在后来下西洋的过程中，郑和也不断展现出了自身的实力。他曾指挥过3次较大的战役，俘获三佛齐（今印度尼西亚苏门答腊岛上的古国）和锡兰山（今斯里兰卡）两个国王，平定了苏门答腊骚乱，3次战役都取得了胜利。

在锡兰山的险境中，他冷静多谋，以退为进，尤其表现了卓越的智略。永乐九年（1411年），郑和在第3次下西洋的途中来到锡兰山，照例对国王亚烈苦奈儿进行赏赐。然而，亚烈苦奈儿贪得无厌，他让自己儿子出面，向郑和"索金银宝物"，遭到郑和的拒绝。于是，亚烈苦奈儿便构谋加害郑和与其船队，企图谋劫财物。

然而郑和有所察觉，便离开了锡兰山。等他们从古里（今印度半岛西南部喀拉拉邦的古国）返回到锡兰山时，亚烈苦奈儿明面上假意邀请郑和到城中作客，暗中却发兵5万余人去袭击郑和船队，同时"伐木拒险，绝和归路，使不得相援"。郑和及随从人员发觉这一阴谋后"即拥众回船，路已阻绝"。

遇此情境，郑和并未惊慌失措，而是冷静地分析敌情，认为对方"贼大众既出，国中必虚"，此时出击可以攻其不备。于是他令得力部将秘密地另择小路回船，做好迎战准备，自己则率领留下的3000多人，以夜色作掩护，悄悄地从小路奔袭空虚的王城，生擒国王亚烈苦奈儿及其王后、王子和手下的头目们。

除了军事智慧，郑和丰富的实践经验也使他成为领导船队的不二人选。自永乐元年（1403年）起，郑和便按照明成祖朱棣的安排，转向航海事业。

据《宁波海州平阳石矿流水表》记载："永乐元年，奉旨差官郑和、李恺、杨敏等出使异域，躬往东西二洋等处……校正牵星图样、海岛、山屿、水势图形一本，务要选取能山形水势，日夜无歧误也。"也就是说，在永乐元年，郑和就出使西洋暹罗国（今泰国），第二年又奉命出使日本国。

这两次锻炼，使郑和系统地研究、了解了各种航海图，熟悉了东西洋航行各种针路薄（传统的航海指南），学会了测定针路的方法，掌握了过洋牵星的技术，基本具备了远洋航海所必备的天文地理、海洋科学以及船舶驾驶修理等方面的知识。

郑和既专业又有领导气魄，能代表大明朝出使各国的，舍他其谁？

6.2.2　郑和下西洋都去了哪里?

下西洋是一项航程遥远，范围巨大，消耗大量人力、物力、财力的活动。从计划到实现，每一步都需要极大的魄力和勇气。

在明朝，西洋是指婆罗洲岛以西的广大区域。婆罗洲岛在马来群岛的中间，西边包括南海、孟加拉湾、阿拉伯海、红海及印度洋附近的各国，如现今的印度尼西亚、泰国、柬埔寨、缅甸、印度、斯里兰卡、伊朗、阿曼，以及非洲的索马里、莫桑比克等国。

郑和的西洋之旅，自永乐三年（1405 年）元月第 1 次出使开始，至宣德八年（1433 年）7 月 6 日返京结束，历时 28 年。（1433 年 4 月初，在第 7 次下西洋返程途中，郑和在印度古里逝世，享年 62 岁。）

这七下西洋，每次都是从当时的北方航运中心江苏太仓浏家港出发。启程后，出长江，然后顺浙江、福建沿岸南下，停靠福建的泉州港补充船只装备、给养和船员。泉州港是当时南方的航运中心，造船业和国际贸易都相当发达，同时聚集了大量的航海人才，郑和船队的船员大部分也是从这里招募来的。

从泉州港出发后，向南大致有两条航线：一条是直接南下到菲律宾的吕宋岛、马尼拉、棉兰老岛，再横跨苏禄海到东马来西亚和文莱；另一条是直接往西航行，先到越南的归化，再从归化往南到印度尼西亚的苏门答腊岛和爪哇岛，或者从归化继续向西，到柬埔寨、泰国曼谷、西马来西亚、苏门答腊岛、爪哇岛。这些路线说明，明朝时期中国对东南亚一带地理位置有着相当深入的了解。

接下来他们穿过马六甲海峡，北上到孟加拉国的吉大港和印度的克塔克，或者直接横跨孟加拉湾，西行到斯里兰卡。再之后，可选一条航线北上到印度，也可以走航线从印度横跨阿拉伯海到中东，另外一条航线是从斯里兰卡先到马尔代夫，横跨印度洋到索马里和莫桑比克，然后或北上或南下。

七下西洋可分为前后两个时期。

第一阶段是前 3 次，时间是从永乐三年（1405 年）起，至永乐九年（1411 年）第 3 次回国止，历时 7 年。这一时期，船队的活动范围主要是东南亚和南亚各国之间，最远至印度古里。

第二个阶段涵盖了第 4 次到第 7 次航行。自第 4 次航行开始，郑和船队不再局限于亚洲，而是踏足了更远的地方，他们越过亚洲，来到了中东和非洲。

其中，第 6 次航行尤为神秘且备受争议。永乐十九年正月初一（1421 年 2 月 2 日），紫禁城落成，明朝正式迁都，16 个国家的使臣参加了大典。郑和的任务是送这些宾客返回各自的国家。

这次航行也是郑和使团七下西洋中持续时间最长的一次。与前几次不同，这次出行大宗宝船到满剌加国（今马六甲）、苏门答腊岛后，由各分宗船队沿着东西两个方向前往各国。大宗宝船、分宗船队先后交叉访问了 36 个国家，足以见得这次航行的规模之大、经验之丰富。

最为神秘的是，郑和一行于永乐二十年（1422 年）8 月回国后，由杨敏率领的分宗船队继续游历海外诸国，直到 4 年后的永乐二十三年（1425 年）才回国。这 4 年中，这支船队曾受到风浪影响，被吹到了一片奇异的大陆，这片大陆究竟是美洲还是澳洲，现在也是众说纷纭。

我们能确定的是，在欧洲大航海时代之前，郑和船队就已经探索了非洲大陆，并且与非洲大陆进行了和平的交流，开展贸易，建立了友好的联系。如今在一些非洲国家仍能看到"郑和村"和船队留下的遗迹。

6.2.3　郑和航海用到了哪些科技？

1. 导航类技术

（1）海图

《郑和航海图》原名为"自宝船厂开船，从龙江关出水，直抵外国诸番图"，制作于郑和第 6 次下西洋之后，共 20 页航海地图，109 条针路航线和 4 幅"过洋牵星图"。图高 20.3cm，全长 560cm，包含 500 个地名。

航海图详细地记载了郑和船队的航线，起于南京下关宝船厂，向南沿江、浙、闽、粤海岸西行，经过太平洋、印度洋沿岸各国，一直延伸到达非洲东海岸肯尼亚蒙巴萨。

与现在的海图不同，《郑和航海图》更像我们传统的山水画。图中没有标示东南西北，而是将途经的各地区、各国、岛屿、沙洲画在航线前后左右；透视也跟山水画类似，没有按照比例排列，基本靠目视来判断远近大小，将沿岸侧面图形按航程顺序来描绘。

与现在的海图相比，这些航海图并不准确，但在当时仍处于世界先进水平，相当于现代的海图、航海日志和航泊日志三者的综合体。图中标识了很多可以作为航海参考的信息，如航线、针位（方向）、陆地参照物（对景图）、方位（舷角）、航程、水深、所测星名及高度（指数）、碍航物（礁石、浅滩等）、港口名称等。

（2）罗盘

郑和船队所用的航海罗盘，并非一般意义上的指南针，而是北宋以后就用于海船上的一种水罗盘，被称为指南浮针。明朝时期巩珍在《西洋番国志》中记载："皆斫木为盘，书刻干支之字，浮针于水，指向行舟。"罗盘由磁针、灯芯草、方位盘组成，磁针靠灯芯草的浮力漂浮在水面上，下面附以木制的方位盘。郑和船队用的是书刻 24 个方位的罗盘。

那个时代并不用我们现在的"度"，而是用天干、地支、八卦、五行四者配合将圆周等分成 24 个方位，一个方位称之为"单针"或"丹针"（相当于现代罗经的 15°）。两个单针的中央也可作为一个方位，称为"缝针"（相当于现代的 7.5°），如"癸"（15°）和"丑"（30°）中分的方位 22.5° 也作为一个针位，叫"癸丑针"。这样在实际应用时，24 个方位就变成了 48 个方位，更为精准。实际针位之间还有等分的刻度，所以用罗盘针路航行时，误差不超过 2°。

（3）测深水锤

郑和船队用来测量水深的"水锤"，和今天用的水砣基本一样，是一个上面带"耳朵"（近顶端的一个穿孔）的锤子，"耳朵"上系了一根长七八十丈（一丈约为 3.3m）的绳子。水锤用铁或铅做成，底部有一凹槽，内涂牛油或石蜡，放下去之后可以沾取泥沙、贝壳等，便于了解海底质地。

若要测量水深，只需把系有水锤一端的绳子放入水中，锤碰到海底后提上来，这样进入水中的绳长就是水深。水深用的单位是"托"，一托是指人的两臂张开伸直的长度，一般为 5~6 尺，约为 2m。《指南正法》中记载，郑和船队测得七洲洋（今西沙群岛）"一百二十托水"，也就是这里水深大概 240m，是下西洋之旅中所测最深的数值。

（4）牵星板

牵星板也是当时航行中必不可少的工具，辅助在航海中测定星宿以判断航行位置。据明代李诩所著《戒庵老人漫笔》记载："苏州马怀德牵星板一副，十二片，乌木为之，自小渐大，大者长七寸余。标为一指、二指，以至十二指，俱有细刻，若分寸然。"

也就是说，牵星板是 12 片用优质乌木制成的正方形木板。一指到十二指，是木板边长。一指是边长 2cm，每一指以 2cm 递增，十二指也就是边长 24cm。

此外，还有记载："又有象牙一块，长二寸、四角皆缺，上有半指、半角、一角、三角等字，颠倒相向。"也就是说，有一块象牙小方块，四角缺边的长度，分别是 2cm 的 1/2、1/8、1/4、3/4。小象牙作为精测用具，精度达到 1/8 角（0.2° 左右）。

不过郑和用的牵星板只有文献记载，没有实物留存。目前我们看到的牵星板都是根据文献复制的。据考证，他使用的牵星板很可能是中国古代传统天文航海仪器"量天尺"和阿拉伯牵星板融合的产物。

（5）陆标定位

由于当时导航定位手段有限、精度低，又要保证航行安全，因此最有效的办法是在熟悉的海区，按已知的、走过的航线走。这就不得不提到重要的地文航海技术——陆标定位导航。

陆标定位是以沿途所经岛礁、山脉、海岬方位舷角为标记（用语是"前见××山，东边有××礁，船平××屿"），测海水深××米（用语"打水××托"），以针位取航向××度航行（用语"用××针，从××门过"），航行多长时间，航程多少里（用语"××更"），到××地点（用语"船收××国"）。

2. 季风和水文技术

古代航海以帆船为主，航行动力来自风吹帆篷的推力。所以了解季风和水文技术是穿越大洋的必备技能。郑和下西洋的历程足以见得明代航海已熟知且充分应用了季风、洋流、潮汐的规律。

（1）利用季风

季风是一种季节性的大气环流，是由于大陆及邻近海洋之间的温度差引起的，风向会随着季节变化而显著改变。季风会在每年的固定季节到来，所以也叫信风。一般而言，季风现象主要存在于热带和亚热带地区。在亚洲、非洲、澳大利亚等地，季风现象尤为显著。

在南中国海，每年 10 月中旬至翌年 3 月为东北季风期，3~5 月为转换期，5~9 月中旬为西南季风期。

郑和船队会根据季风的风向和时间来调整航行时间。首先他们要南下，那就要利用东北季风，所以国内启航时间一般在 10 月至翌年年初；从印度洋、南洋（东南亚一带）归国，需要北上，利用西南季风，所以总是选在 4~6 月动身。

如果从中国到南亚以西更远的地方，也就是说要往返于中国和阿拉伯、东非诸国之间，只靠一次季风是不够的，要等到第二年同一季风再次来临，才能继续乘风航行，抵达终点。

因此，交通中转站应运而生。郑和船队在航行中途建立了 4 个交通中转站，也称为中途候风点。从中国通往阿拉伯各国的船只，选古里和锡兰山中转候风，而从印度洋返回的船只，则停泊于满剌加或苏门答腊和占城（今越南南部）中转候风。这样便能充分利用季风风向，无季风时，航行方向也不会受到其他海风或洋流的干扰。

年底，郑和船队从中国出发后，会沿途访问占城、暹罗、真腊（今柬埔寨境内的古国）、爪哇等国，大约 6 个月后到达满剌加，在马六甲海峡季风转换期赶到锡兰山或古里，此时正好赶上北印度洋的夏季西南风，顺风向榜葛剌（今孟加拉国）、忽鲁谟斯（今伊朗东南部米纳布）航行访问，到印度洋冬季的东北季风起来时，再顺风向阿拉伯各国和东非国家航行访问，最后顺风返回。

（2）利用水文

学习利用水文也是航海中一项必不可少的技能。郑和的船队会在航海时认真观察并记录各地危险，及航海的潮汐、波浪、漩涡等，并通过观察海水颜色和研究海洋生物分布的规律来辅助航行。

据随郑和下西洋的费信所著《星槎胜览》记载，船队注意到"船到七洲洋及外罗等处，……船身不可偏……船身若贪东，则海水黑青，并鸭头鸟多。船身若贪西，则海水澄清，有朽木漂流，多见拜风鱼"。又如"船若回唐，贪东，海水白色赤，见百样禽鸟，乃是万里长沙（西沙群岛北部），可防可防"。也就是说，他们会观察海水颜色、海流海浪、海鸟等确定航行海区或船位。

这种长期细心观察、记录、分析、总结得出的海上实际经验，对郑和完成七下西洋的壮举大有帮助。

3. 更：时间和里程的双重计算单位

除了用罗盘确定方向，水锤测量水深，利用季风、水文特征之外，郑和船队还以"更"计算船速和航行里程。

曾随郑和下西洋的船队医师陈常，这样记录："海中行以六十里为二更，往返一千六百更（应为往返各一千六百更），为九万余里。行皆候风占星，以针取路，以干支取某山某屿，进某澳，转某门；以至开洋，避礁避浅，皆以针定。"

这段记述说明，"更"既是一个时间概念，也是一个距离概念。计算时间时，用燃香或沙漏来算，一更为 2.4h，一天是 10 更。计算距离时，一更是 30 里。史书上记载，郑和航海要求"更数起止，计算无差"。也就是要求记更无差错，因为需要用更来算里程，并推算出总的航行里程。

对于具体行船速度的计算，郑和船队有自己的一套方法。郑和船队的速度是"以六十里为二更"，也就是 4.8h 走了 30km，航速大约是 6.25km/h。据《顺风相送·行船更数法》记载，他们测量行船速度（相对于水的速度）的方法是：从船头"将片柴丢下水，人走船尾，此柴片齐到，为之上更，方可为准"。反之，如人已走到船尾，而此柴片尚未到船尾，则称为"不上更"。另外一种情况为柴片比人先到船尾，这叫作"过更"。"上更"就是人与柴片齐到船尾的速度，即人的步行速度。人的步行速度为 6~7km/h，与"六十里为二更"相符。

若实测船速是"不上更"或者是"过更"，船队就会灵活地调整扬帆数量和帆面受风角度，以接近或等于"上更"的船速。这样用更数来推算航行里程，也更为准确。

通过一些现存记载，我们可以看到当时船队的更数和航行历程。例如"宝船自棉花浅（马来西亚巴生港附近）用辰巽针，十更，船平满剌加"，实测两地航程约为 135km，用了十更即 24h，那么推算船速约为 5.6km/h；"大武山（金门大武山），用丹艮针，七更，船平乌丘山（福建乌丘屿）"，实测两地航程为 118.5km，七更为 16.8h，船速为 7.0km/h，这也验证了郑和船队的实际航速为 5~7km/h。

4. 从天空知大海：天文航海也是必备技能

"云帆高张，昼夜星驰，涉彼狂澜，若履通衢"。郑和船队在海上是白天、晚上连续不断地航行，有时在大洋中央，无论昼夜都看不见岸上的目标和海上岛屿。这种情况下，单凭罗盘和更数来保证航路与安全远远不够。因此，观测日月星辰来辨明方向成为一种传统而实用的定位方法。

《西洋番国志》中描述："经济大海，绵邈弥茫，水天连接。四望迥然，绝无纤翳之隐蔽。惟观日月升坠，以辨西东，星斗高低，度量远近（指离北南极的远近，就是纬度的概念，但不是现在从赤道算起的纬度）。"这说明郑和船队在大海中，面对辽阔无垠的海洋，没有任何遮挡物，唯有仰望日月升落，观察星斗的高低，以判断东西方向和纬度远近。

天文航海技术无疑为郑和船队成功完成远航提供了有力支持。有一些相关的仪器物件和记载，记录着郑和船队当时是如何应用各种天文航海技术的。

（1）过洋牵星术

"过洋牵星术"是郑和船队天文航海导航的著名方法。我们可以从茅元仪《武备志》中收录的《郑和航海图》里了解郑和船队测星导航的实例。附录里共收录了4幅过洋牵星图。

如图6-1，过洋牵星图是方形，上北下南、左西右东，方位与现在相同。4幅图都有名称和图文，表明了这张图用于哪个航程，所牵的星座名称及高度。方框外面的星座位置，代表航行时所测该星的高度及方位。在从忽鲁谟斯回古里的牵星图上，我们可以看到熟悉的勺子状的北斗七星悬在头顶。

根据过洋牵星图可以看出，郑和船队用来导航定位的恒星主要有：南北极附近的4颗较亮的恒星，它们是北辰星（北极星，小熊星座 α 星），北斗双星（又叫指极星，大熊星座的 α、β 星，也叫天枢、天璇），灯笼骨星（十字架二星，南十字星座 α 星），南门双星（南门二，马腹星，半人马座 α、β 星）。东西方向上的两颗较亮的恒星是布司星（英仙座 α 星，天船三），织女星（天琴座 α 星）。

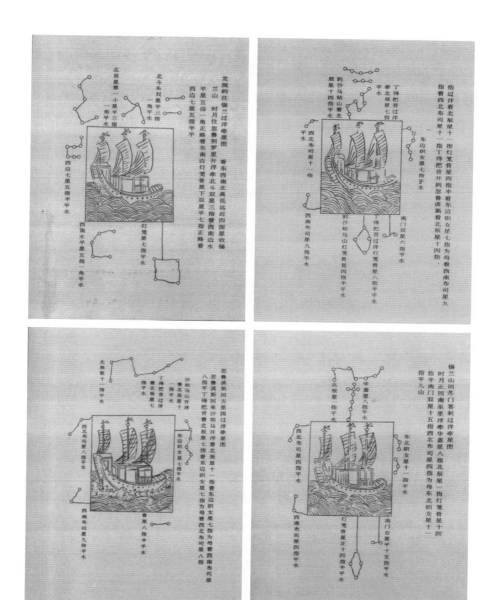

图 6-1　过洋牵星图

图片来源：新编郑和航海图集 [朱鉴秋，李万权（主编）；海军海洋测绘研究所，大连海运学院航海史研究室（编制）]

（2）测星体高度

测星体高度使用的就是前面所说的 12 块牵星板。测量时手臂伸直，使牵星板与海平面（水天线）垂直，对准所测星体，牵星板下边缘与水天线平齐，用牵星板或象牙块的某一刻度与所测星体相切，读出牵星板的指数加上象牙块的角的度数，就可以算出所测星体的高度。

指数和角度有一套换算关系：一指 ＝1.9°。（手臂长为 60cm，一指为 2cm）。这种方法其实跟六分仪相同，只是六分仪精度更高。但在 15 世纪初，能如此简洁地测出精度较高的星体高度来，是一件很了不起的成就。

（3）测地理纬度

郑和船队还会通过观测南北极方向和东西方向的两组星座，相互比对，校正航向和船位。最常用的方法是观测北辰星的海平面高度，来确定纬度变化。

北辰星就是北极星，距北天极平均 1°13′。古人早就用北辰星高度（指数）换算成度数（一指 ＝1.9°），计算出测量者所在的纬度，再将这一纬度上对应的陆地上的城市、山脉、海中岛屿等高度标示在航海图上，便可知道船队航行的具体位置。

但北辰星的高度只有在北半球才便于观测，当航行到北纬 3°40′ 以南就无法看见。为了解决靠近赤道附近计算纬度问题，郑和船队选择了南极附近的两组星，即灯笼骨星和南门双星。过洋牵星图每幅图都有测灯笼骨星的高度数据，和测北辰星的数量相当。

就这样，他们根据"星斗高低，度量远近"，完全掌握了航程中各地的位置，"牵星为准，所实无差，保得无虞"。

6.2.4　费尽周折，航海到底为了什么？

明永乐三年（1405 年）7 月 11 日，明成祖朱棣命令郑和率领船队下西洋，声势浩大，行程遥远。

然而，与欧洲的大航海时代不同，郑和下西洋并没有开辟商业通道，对国内的经济也没有直接促进作用。那么，这一共 7 次，历时 28 年的伟大航行到底是为了什么？

由于当年很多资料被烧毁，现存史料有限，因此关于郑和航行目的的说法众说纷纭。总体来说，出使的主要目的有两个：一个是，缓解中国与海外诸国的紧张关系，解决东南亚和南亚诸国间的一系列矛盾，树立起中国在东南亚和南亚各国中的威信；第二个目的，根据清朝张廷玉等人编写的《明史》说法："成祖疑惠帝亡海外，欲踪迹之……命和及其侪王景弘等通使西洋"。

在"扬国威"这方面，当时的朝廷是不遗余力的。郑和每次出访有200 多条船，采用类似海军出访的部队编制组建，组织严密，包括各种技术人员、水手、士兵、医生和翻译等共 27000 多人。这些船都有明确的分工——载货、运粮、作战、居住。例如，舟师相当于舰艇部队，基本单位是战船，任务是护航，两栖部队用于登陆行动，仪仗队则担任警卫和外交礼仪角色。

郑和等领导层和一些外交使团乘坐的船只叫"宝船"。宝船是整个船队的指挥中心和司令部，最大的宝船长四十四丈四尺，宽十八丈，折合现今长度是长 138m，宽 56m。载重量 800 多吨，甲板估计能有一个足球场大小。简直就是当时的"航空母舰"，放到现在这也是一条大船，光锚重就有几千斤，需要动用 200 人才能启航。当然，按照当时造船技术，能不能造出这么大的一条船，尚有争议。

这样浩大的船队，给当时出使的各国带来了极大震撼。目前在东南亚一些国家，仍留有当年郑和代表大明赠送给当地的宝物，甚至还有一些纪念馆。中国的强盛富有，在历史上留下了华丽的一笔。

下西洋的第二个目的，是寻找建文帝的踪迹。据说是明成祖朱棣的皇位是从他侄儿建文帝手中争夺而来的，朱棣怀疑他侄儿逃到海外避难，担心他日可能对自己构成威胁，因此派郑和出海暗中侦察建文帝的踪迹，以绝后患。但在明代有关文献中，对郑和"踪迹建文"一事只字未提。因此，这种说法的可信度相对较低，若只为了找到建文帝，完全可以派一支特种部队小分队，无须调动这么庞大的"海军"力量。

在郑和下西洋的同时，朱棣亲征漠北，对北元残余势力进行打击，北部边患基本解除。在郑和第 3 次下西洋归国时，可以说迎来了永乐朝的鼎盛时期。郑和下西洋的后期，即历时 21 年的第 4 次到第 7 次出行，出使的目的不再是前一个阶段的解决矛盾、树立威信了，而是有了更远大的目标：向未知世界前进，通过开辟新的航路，让不知道中国以及从来没朝贡过的海外远国向中国朝贡，"宾服"于中国。

于是从第 4 次出使开始，郑和船队踏上了更遥远的征程。他们经过南洋诸岛，横渡印度洋，取道波斯湾，穿越红海，沿东非沿海南下，最远到达赤道以南的非洲东部沿岸诸国及马达加斯加岛一带，甚至有分宗团队穿过厄加勒斯角和好望角，进入大西洋，抵达非洲西部海岸。

与现在国家领导出访带着商业部长、贸易团不同，郑和下西洋的时候并没有专门的商船跟随。在历次代表大明和各国的交流中，郑和既没有建立军事政府，也没有经济剥削，更不像欧洲对美洲那样的肆意掠夺。

大明王朝奉行"厚往薄来"的原则，所以实际上都是"赔本买卖"：先赠送礼物，赏赐黄金、白银、丝绸、瓷器，得到的回馈无非是一些贝壳、椰子壳之类的旅游纪念品，再珍奇一点就是大象、长颈鹿这些奇异之物，并不能转化成实实在在的国库收入，所以后来也被朝中大臣诟病。

但是，让遥远国家知道中国的强大，让中国美名远扬，郑和船队确实做到了。

6.2.5　为什么郑和没有开创大航海时代？

无论是航行距离，还是船队规模，都丝毫不逊色于后来的欧洲冒险家，那为什么郑和下西洋的壮举没能像欧洲人那样，为大明王朝开创一个大航海时代呢？

这和当时中国的本色有关。

我国是传统的大陆农业国家，历来重农抑商，内陆的农业生产才是国民经济支柱，也是统治者最为关注的焦点。尽管拥有不少得天独厚的天然港口，但长期以来并未充分开发和利用。而欧洲各国，地域狭小，资源匮乏，商业才是他们的主要经济来源，因此他们将海洋视为获取资源和贸易的重要途径。

另外，我国自古以来的政治中心都在北方，地形多为平原和山地，与海运相比，统治者更倾向于发展内陆漕运，开凿运河以解决内部需求已经是一项庞大的工程。对于内陆地区来说，海港的开发意义不大。

与此同时，中国古代的统治阶级一直拥有巨量财富，国土面积广阔，并不像欧洲小国林立，对外获取财富的欲望远胜于中国。要知道，不管是哥伦布还是达·伽马，背后都是政府真金白银的大力支持，开拓殖民地，把重金属运回国，也是政府的强烈需求。而大明时期的郑和下西洋，意不在积累财富，也没有形成一套规范的贸易体系，扬完国威，处理一些政治上的事务就满足了。

但也正因如此，明代中国给世界带来的是和平和繁荣，而不是掠夺和血泪。明朝强大却不称霸，郑和带着浩浩荡荡的"大军"，历时 28 年，播仁爱于友邦，化危机于无形，促进了东南亚的稳定和交流，甚至也成为目前我国开展"一带一路"的蓝本。

郑和下西洋也带回了大量稀有的动植物物种、贵重的器物和宝石，还有农作物的种子。比如，他当时带回的玉米、土豆、甘薯等，早已完全融入了我们的日常生活。还有他带回来的医疗卫生知识，水利知识、港口建设、布匹染色、钱币铸制等技术，为中国的医学、制造业、交通建设等领域的发展提供了新的思路与机遇。

除了物质方面的收获，很多人认为，郑和下西洋的最大意义是增强了中国在海上的统治力度。

通过七下西洋，中国人逐渐深入了解了东南亚、南亚、非洲等海外地区的地理和文化，以及当地的海洋环境，形成了更为完整的海洋意识。同时，中国海军也逐渐壮大起来。

至此，明朝在航海技术、船队规模、航程之远、持续时间、涉及领域等都领先于同一时期的西方，展现了明代中国高超的航海技术与精湛的造船工艺，加强了中国明朝政府与世界各国的联系，同时，也意味着完成了中国古代航海史上最后一件世界性盛举。

6.3　和海洋共赴未来

我们通常认为人类是陆地文明。在陆地消失的地方，人们会竖起"世界尽头"的牌子，因为再往外的海洋，是未知、凶险的异域，去往那里是冒险，可能要付出生命的代价。

但其实，生命是从海洋中诞生的。

这不只是说，从海洋中诞生了第一个细胞、第一条鱼，诞生了哺乳动物的远祖，而是，只有几十万年历史的智人，也就是现在生活在地球表面的人类的祖先，也都依赖海洋生存。

6.3.1　海洋养育人类

人类要生存，首先离不开氧气。我们呼吸的氧气，并不是都来自树木，还包括海洋，海洋产生了地球上至少 50% 的氧气。

目前水下考古的发现甚至让我们意识到，捕鱼、采贝跟种植、耕作一样，都是早期智人重要的生活方式。并不只有农业文明养育了现代人类，在几千年前的海岸线边，人们并不区分农民和渔民，根据季节和气候，他们灵活地操作船舵和耕犁。专业的渔村是在 18 世纪才出现的，在此之前的成千上万年里，海洋和陆地一起养育了人类。

过去 250 万年中，海平面上下波动的幅度达到 150m。18000 年前，海平面比现在低 120m。彼时人类的生活遗址，大部分都被海水淹没了。但在世界各处都发现了贝冢和海边的人类生活痕迹。

目前，全球超过 10 亿人口摄入的蛋白质也主要来源于海洋。不断变换的洋流带来了丰富的渔业资源。日本暖流和千岛寒流交汇之处，海底沉积的有机质随水流升到海面，是鱼类丰富的饵料，这带来了盛产鲑鱼、鳕鱼、鲱鱼、秋刀鱼的北海道渔场。

墨西哥湾暖流和拉布拉多寒流交汇处，是物产丰盛的纽芬兰渔场。

在大不列颠岛、斯堪的纳维亚半岛、日德兰半岛和荷比低地间，北大西洋暖流和东格陵兰寒流交汇，形成了一直被欧洲各国争抢的北海渔场。这里鱼类产量丰富、种类繁多，鲱鱼、鲭鱼、鳕鱼成为重要主角。

得天独厚的秘鲁上升流带来的秘鲁渔场，是南美洲的奶与蜜之地。

大量的鱼群在这里洄游、繁殖、越冬，成为哺育一代代人类的蛋白质源泉。渔场的发展不仅养育了人类，也推动了历史的发展。在大航海时代偶然发现的纽芬兰渔场，为英国奉上了超乎想象的财富和劳动力。

除了养育人类的身体，海洋还支撑着人类的经济发展。被称为"工业的血液"，甚至成为现代文明的血液的石油，按照主流理论，也是由海洋里的藻类、浮游生物、细菌等死亡后形成的沉积物转化而成。这些曾遨游在海洋里的生物，在几千万年甚至上亿年之后，变成了人类生活方方面面不可取代的能源。我们衣食住行中所有涉及工业生产的地方，都需要源源不断的石油。

不仅如此，不少机构预测我们会在几十年内用完现有的石油储量，之后还是得向海洋要石油和天然气。海洋石油资源量占全球石油资源总量的 34%，目前产量最大的波斯湾，也拥有最大的海洋油气资源。而且波斯湾的油气资源大都在浅海和近海，不仅储量大，开采还相对容易。

世界上最大的海上油田萨法尼亚油田（Safaniya Oil Filed），在 1957年就已投入生产。可开采储量为 360 亿桶，每天生产高达 150 万桶的原油。

　　和渔场一样，海上油田的分布也有规律：一般归纳为"三湾、两海、两湖"。"三湾"即波斯湾、墨西哥湾和几内亚湾；"两海"即北海和南海；"两湖"即里海和马拉开波湖。而相应的沿海国家，便都是重要的海上油气开发国。

　　我们的生存与发展在过去、现在和未来，都离不开海洋的馈赠。

　　目前，世界上有一半人口生活在距海岸 200km 的地方。200 多个国家和地区中有 3/4 是临海国家和海岛。比起"大地母亲"，海洋更是所有生命的母亲。

　　从外太空看，地球是蓝色的，那是海洋的蓝色。但海洋资源并不是取之不竭、用之不尽的。在人类发展到每一个国家都要向海洋索取更多资源时，怎么"分配"海洋就成为一个重要的问题。为了更好地生存，每个国家都死死守住自己的海域，分毫不让。

6.3.2　海洋属于谁？

　　从 18 世纪末开始，"领海"这个概念变得深入人心。出于对国防、独占渔业资源、关税、卫生等必要性考虑，各国都期望能支配自己陆地的沿岸海域。尤其是远洋渔业发展起来后，是否拥有一片海域意味着捕捞范围的极大不同，同时，也意味着利益巨大的海底油田的归属。

　　各国因渔场和油田利益产生的争夺从未停止，且相当激烈。

　　"二战"之后，美国发出《大陆架宣言》，宣称大陆架是陆地的延长，也应该由沿岸国管理，这是因为美国想借此独占墨西哥湾的海底石油资源。这个宣言对南美洲太平洋沿岸的国家不利，所以 1947 年，智利和秘鲁提出了距离沿岸 200 海里水域主权管辖权的主张。

为什么是200海里呢？因为秘鲁鳀鱼依靠的温堡海流，就是200海里宽。

拥有共同海洋资源的日本和韩国，为抢夺渔业资源，互相驱逐渔民，剑拔弩张。多年之后，于1965年签订了《日韩渔业协定》，划定沿岸12海里为"渔业水域"。欧洲也一样，为了白色的鳕鱼，英国、法国、西班牙的渔船一路开到冰岛附近的渔场。为了守护自己的近海渔业，从1958年到1975年，冰岛先后宣布了沿岸12海里的领海、禁渔界限为50海里，然后又扩展到200海里，直接导致英国皇家海军舰艇闯入冰岛，进行了兵戎相见的三次鳕鱼战争。

关于领海和渔权的斗争旷日持久，直到1994年，《联合国海洋法公约》批准生效，沿岸国对资源拥有主权的200海里的"专属经济区"才尘埃落定。此后，各国开始更加名正言顺地开发"自己的"海洋资源。

曾经的"海洋是公有的"概念已经被遗忘。为了尽可能高效、大量地捕捞，渔业技术得到了飞速发展。"二战"之后，大型机械化拖网渔船已十分普及。这些拖网渔船使用网眼细小的大型拖网，掠过海底，所到之处鱼鳖虾蟹都在劫难逃。而且，这些成果也不需要被运回岸边，渔轮上配备了现代化的冷冻技术后，一条龙式的作业方式就能把鲜鱼速冻保存。

海洋一旦被"分割"，本来在海洋里巡游的鱼类也相应地被纳入不同的区域。不管是否属于繁殖季节，不管是否会导致种类的不平衡，渔轮的唯一目标就是更多、更大、更快地捕捞。一些大规模作业的渔轮1h可捕捞200t鱼，是16世纪一条传统的渔船整个渔季捕捞量的两倍。

可想而知，即便是海洋这么大也有被掏空的时候。1992年，主要捕捞鳕鱼的纽芬兰渔场发现，鳕鱼数量已经减少到20年前的2%，它们快要灭绝了。加拿大联邦政府警醒过来，宣布了禁渔令，永久性禁止拖网渔船在纽芬兰渔场的作业。

经营了近500年的纽芬兰第一大产业就这样消失。即便这样，在禁渔令实施了 11 年后的 2003 年，纽芬兰水域仍然一片死寂，人们看不到熙熙攘攘了几百年的鳕鱼。纽芬兰渔场的悲剧并不是唯一的，随着 90% 的大型鱼类种群枯竭，以及 50% 的珊瑚礁遭到破坏，我们从海洋中获取的资源远远超过了海洋可以补给的量。

同渔场一样枯竭的，还有曾经源源不断盛产石油的北海油田。北海油田就在北海渔场，它是西欧国家的能源保障，堪称欧洲能源的心脏。北海被划分为英国、挪威、丹麦、荷兰、德国、比利时、法国的专属经济区，油田正好密布在各国专属经济区的界限上。

它不仅使曾经 99% 的石油都需要进口的英国一跃成为世界第五大油气出口国，在 2018 年的英国出口结构中，石油仍然占了 5.7%。挪威的高福利政策也建立在石油丰厚的利润之上。北海的石油品质高，产量稳定，著名的布伦特石油还能作为市场参考价格，成为全球石油期货交易的中心。

但是，在经过多年的油气开采后，这块油田正面临逐渐枯竭的命运。

石油公司已经加大勘探力度，希望能挖出北海更多的宝藏。但连海洋都捉襟见肘了。布伦特油田曾经的产量高达每天 40 万桶，到了 2015 年，这个油田 3 个在运行的平台中，就有两个停产，唯一剩余的一个平台日产量也不足 1000 桶。

对石油的限制、关于石油的争夺，不仅是工业的问题，这也成为各种政治斗争的导火索和手段。自然，也关系到每家每户的生活问题。最近几年，到了冬天，有很多西欧的家庭已经无法承受高昂的供暖价格了，开汽车的成本也越来越高。

而没有人知道未来在哪里。渔场的未来、石油的未来，和海洋的未来。

海洋是自然的一部分。它们生生不息，但石油、天然气和鱼一样，并不能在人类消耗的范围和时间内迅速再生。当我们挥霍着曾经和现在的海洋动植物时，我们也是在剥夺未来。为了保护海洋及其所支撑的文明，我们需要重新思考：海洋到底属于谁？谁应该对海洋负责？我们必须建立一种新的平衡，以真正了解海洋为基础，和海洋建立联系。

6.3.3　中国的海洋之路

从北往南，我们中国也有长达 1.8 万 km 的海岸线。这长长的海岸线周围，生活着从鲸到磷虾等无数生物。它们构成了独特的景观。广阔的海洋渔场，几千年来哺育了一代代的人民。我们也有大量的油气资源沉积盆地、石油天然气资源和广大的金属结核矿区。我们在各处海湾和深水岸线建港口，发展运输业，使南北东西畅通无阻。

我国可管辖海域面积达 300 万 km²，接近陆地领土面积的 1/3。早在公元前 1300 年前后，商朝东部边疆到达了今天黄海、渤海西岸，开启了沿海经济。汉代，张骞开通"丝绸之路"的同时，也派出大批使者到南海开拓了海外市场。甚至在唐朝时，我们就有了一条海上丝绸之路和中国第一个海关。

唐高宗显庆六年（661 年），在广州设立了市舶使，管理海路和各国外贸，这便是中国第一个海关。其主要职责是向外国船舶征收关税，管理贡品，收购专卖品，对外贸进行监督和管理。在开元二年（714 年），唐朝廷还在安南（今越南，在唐时属于中国的属国）也任命了一位市舶使。可见那时我们的对外贸易颇具规模。

那时广州的海路贸易，分东西两边，东边通往日本、渤海、流球等地，但西边更为重要：到东南亚、印度、斯里兰卡、波斯、阿拉伯帝国。那时就有很多来自西亚的穆斯林人口生活在广州，还建起怀圣寺、光塔（早先被称为"蕃塔"）。在此后的几百年里，这都是船只从珠江口进入广州的航标。当时经广州来中国贸易的国家据说不下 100 个。中唐人李肇在《唐国史补》中曾提到"南海舶，外国船也。每岁至安南、广州"，可见安南和广州长期是南海边的著名港口。

而且，正是海路引发了数百万中国人下南洋的风潮，使中国人深深介入了东南亚的经济结构中，也带来了经济和文化的交流。

当时的这条海路不仅是经济上的，还是军事上的。因为海上交通比陆上快得多，利用海路进行军需补给、兵力驰援也更便捷。

明清时期，海外贸易得到了更大的发展。前面讲到，著名的郑和七下西洋，一来扩大了贸易途径，二来郑和的部队本已经是海军的建制。经过多年的建设和实际战斗经验的积累，到了明末，中国海军就已经拥有大量先进的舰船和海上武器。清朝乾隆时期，也借鉴了欧洲在海洋测量、导航、制作航海图的成果，编纂海图，推行纬度经度标准化，并培育了一批航海人才。

只是当时我们的海军面对的敌人通常是小国的扰乱和东南沿海的海盗，并没有直接接触过西方的炮火。清末，欧洲列强来袭，我们不仅意识到了政治上的腐败，经济上的落后，还有自己军事上的弱小。恍如一朝旧梦被惊醒，我们被困在自己的海岸线以内。

意识到海洋对民族的重要性之后，各界人士都开始扩展自己对海洋的探索。

在 1840 年到 1949 年这百年间，我国政治经济环境并不稳定，内忧外患，对海洋的探索和海军的建设并没有一个稳固的基础，但人们仍然顶着巨大的压力，创造了如今难以想象的成果。

1912 年，中国第一个海洋研究机构——清海水产调查局成立，主要研究海洋生物、海洋地质等方面的科学问题。1928 年，青岛观象台海洋科建立，这是中国第一个海洋水文气象和生物观测研究机构。海洋科学因为政治、经济的关系发展举步维艰，但仍然拥有了大量研究成果。

比如，竺可桢早在 1916 年就发表《中国之雨量及风暴说》，描述了海洋气候对中国大陆气候的影响、台风生成的原因和侵袭中国的路径。早在 100 多年前，他就在研究台风的转向，东南季风和中国的雨量，从而得知海洋对大陆天气的影响是决定性的，在如今急剧的气候变化中，我们更能体会到研究海洋的必要性和困难之处。

在动荡的年代，中国也必须打造自己的海上军事实力。我们开始学习欧洲的造船术，建造了新型战舰，引进了西方武器装备，如火炮、鱼雷、水雷等，并进行了海军演习。从 19 世纪 70 年代起，洋务派就大规模进行近代海防建设，很快就建成了南洋、北洋和福建三支海军。北洋舰队规模最大，也具有海权和远洋作战的能力。海军学校、海军军官制度也随之建立。

在发展渔业上，当时的政府也探索了新的方法。1936 年 4 月国民党政府实业部决定仿效农业贷款成例，提出组建渔业银团的构想。作为民国史上第一个由中央政府相关部门与银行业合办，专门从事渔业放款的金融组织，渔业银团具有明显的救助色彩。

新中国成立后，我们也仍然面临内要解决吃饭问题，外还有艰苦的战争，以及复杂的国际关系，有太多因素扼住我们的生存。但对海洋的开发仍然在逐渐进展，而且从科研到军事，都在快速进步。

1953 年，我们在青岛市小麦岛建立了中国第一个波浪观测站，开始研究波浪。此后，泥沙洄淤问题、河流入海河口的演变规律、近海水声学等研究逐步开展。我们的高校、国家科委海洋组织，地质部等各单位联合起来进行资源调查，覆盖范围从黄海的水产到渤海的石油，再远至西沙群岛，广至全国海岸带和海涂。甚至，在 20 世纪 80 年代初，为了达到中国第一次远程运载火箭试验的要求，海洋局还在太平洋中部特定海区进行综合调查。1984 年，我国还第一次派出南极考察队进行了南大洋和南极大陆科学考察。

因为有了各项研究基础，我们才能有条件进行深海探索。到了 20 世纪 90 年代，我们开始深海资源的勘探和开发，包括石油、天然气、矿产等。进入 21 世纪，我们研制了"海龙"号、"蛟龙"号等深海探测器，实现了深海科学考察和资源勘探的多项突破。2018 年还发射了新一代海洋观测卫星。

除了地域层次上的探索，我们当然也建立起强大的海军，守护我们在太平洋边的安全。在立法上，我们也通过了《中华人民共和国海洋环境保护法》，颁布了《中华人民共和国海上人命搜寻救助条例》，保护人民，也保护海洋。如今，普通市民可以在自己城市的海洋馆里看到深海里的鱼和水母，可以去海边潜水、观鸟，可以吃到万里之外的海鲜，可以看到多国海军联合演习，这些平常的生活背后都是整个国家海洋实力的巨大提升。

6.3.4　我们和海洋共赴未来

越来越多的人奔赴海洋，人类越来越意识到要去探索海洋。

邮轮、油轮还有科考船，都在公海上有秩序地航行。少数人类已经踏入马里亚纳海沟。人类去往深海，有人从深海探究人类的起源，有人在深海开采石油和天然气，有人在深海研究黑暗中的发光生物和细菌。海洋里的一切，都已经和人类息息相关。

在近代，奔向海洋甚至成为一种精神追求。人们去海边疗养、度假、冲浪，看日出，去海上航行。这一切都意味着发展和自由。出海是对停滞不前的反抗，对陈腐守旧的逃离，对自然的向往，是追求自由的仪式。去往真正的荒野，去往曾经避之不及之处，成为把握命运的代名词。

我们朝海洋奔去，海洋会怎样迎接我们呢？

海洋虽然从未停止流动，但过去几百年里流动的趋势却并不让人乐观。事实上，海洋是最容易体现"一损皆损"的环境连锁反应的。同纽芬兰渔场一样，世界各地的其他渔场都面临海洋环境恶化和滥捕带来的巨大危机。我国近海渔场面积 150 万 km^2 大部分属于北太平洋渔场，黄渤海渔场、舟山渔场、南海沿岸渔场、北部湾渔场由于产量高，被称为中国的四大渔场。近年来受过度捕捞以及海洋污染，这四大渔场已经名存实亡了。在海洋渔业资源匮乏的前提下，中国近海传统渔业也日渐式微。

除了海洋本身，海岸也一直都在变化。因为潮汐的存在，海洋和陆地的边界并没有固定过。世界各地政府每年都要花费高达 10 亿美元来修缮海岸。我们建设了防波堤、壕沟、码头、疏浚河道，外运沙土填补沙滩中被水冲走的部分。海滩是流动的，砂砾不停运动，在海岸、海底，或者沿岸旅行。因为筑坝和改道，当水流无法把沉积物搬运到海岸时，就会发生灾难。人工修缮的海滩比天然海滩更容易遭到侵蚀。

那些真正靠海而生的人，如阿拉斯加的因纽特人正在考虑从海岸撤退。在马尔代夫地区生活的人们搬到了高地，政府购买了附近的陆地，做好了搬离准备。

据联合国估计，自 2008 年以来，每年约有 2150 万人因洪水、风暴、山火和极端气温等自然灾害而流离失所。20 年后，全球将有 12 亿人因气候变化和自然灾害而被迫迁移。我们也可能是其中一员，也可能成为"气候难民"。如果不想迎来这种可怕的未来，我们需要重新思考我们和海洋的关系。

3.8 亿年前，古生代泥盆纪中期，腔棘鱼曾在海洋中出现。当时的动物如今基本都灭绝了，但它还和那时候的样子差不多。因为它生活在深深的海底，极少为人扰动。

那么，我们能有这样的幸运，拥有恒久的海洋，拥有长久的未来吗？

答案取决于我们人类自己。只有开始新的思考、新的行动，了解海洋、保护海洋，我们才能和海洋共赴期望中的未来。

参考文献

[1] 交通运输部海事局.航海学:船舶定位与导航［M］.北京:人民交通出版社股份有限公司，2022.

[2] 赵仁余.航海学［M］.北京:人民交通出版社，2009.

[3] 陈宏.航海学［M］.大连:大连海事大学出版社，2019.

[4] Nathaniel Bowditch.美国实践航海学［M］.张尚悦，伞戈锐，芮震峰，译.北京:国防工业出版社，2011.

[5] 李树军，肖京国.海图识图常识［M］.北京:中国航海图书出版社，2009.

[6] 张立华，贾帅东，唐露露，等.航海图自动制图综合理论与方法［M］.北京:科学出版社，2022.

[7] 宫崎正胜.航海图的世界史［M］.朱悦玮，译.北京:中信出版社，2014.

[8] 王辉，白春江.航海气象导航［M］.大连:大连海事大学出版社，2018.

[9] 邹友家.航海气象学与海洋学［M］.大连:大连海事大学出版社，2021.

[10] 张进峰，文元桥.航海气象学与海洋学［M］.武汉:武汉理工大学出版社，2019.

[11] 浦金云，金涛，邱金水，等.舰船生命力［M］.北京:国防工业出版社，2009.

[12] 刘红，郑剑.船舶原理［M］.上海:上海浦江教育出版社，2020.

[13] 盛振邦，刘应中．船舶原理［M］．上海：上海交通大学出版社，2003.

[14] 朱英富，张国良．舰船隐身技术［M］．上海：上海交通大学出版社，2003.

[15] 朱英富．现代舰船设计［M］．哈尔滨：哈尔滨工程大学出版社，2012.

[16] 王忠．船舶结构与设备［M］．大连：大连海事大学出版社，2019.

[17] 陈书海，任悦琴，姜琳婕．舰船损管技术［M］．上海：上海交通大学出版社，2013.

[18] 邵文超．内河助航仪器［M］．北京：人民交通出版社，2018.

[19] 余放．舰船推进系统选型概论［M］．北京：国防工业出版社，2017.

[20] 刘彤．航海仪器［M］．大连：大连海事大学出版社，2016.

[21] 陈宇里．航海仪器［M］．上海：上海浦江教育出版社，2012.

[22] 陈军，黄静华，等．卫星导航定位与抗干扰技术［M］．北京：电子工业出版社，2016.

[23] 芮震峰．天文航海［M］．北京：海潮出版社，2015.

[24] 邹友家，席永涛，杲庆林，等．船舶导航技术手册［M］．上海：上海交通大学出版社，2017.

[25] 赵琳，杨晓东，程建华，等．现代舰船导航系统［M］．北京：国防工业出版社，2016.

[26] 交通运输部东海航海保障中心．航标定位［M］．北京：人民交通出版社股份有限公司，2018.

[27] 薛满福，张钢，陈进涛．船舶操纵与避碰：操纵篇［M］．大连：大连海事大学出版社，2018.

[28] 赵月林，周振路，陈进涛．船舶操纵与避碰：避碰篇［M］．大连：大连海事大学出版社，2018.

[29] 陈厚忠，郭国平，杨亚东．船舶操纵［M］．武汉：武汉理工大学出版社，2018.

[30] 陈宇里，谢茜．中国航海史话［M］．上海：上海交通大学出版社，2021.

[31] 弗赖伊.航海的故事［M］.秦悦，译.武汉：华中科技大学出版社，2022.

[32] 中国航海博物馆.沧澜航程：中国近代航海史话［M］.上海：上海书店出版社，2021.

[33] 陶培培.航海史话［M］.上海：上海科学技术文献出版社，2019.

[34] 金良安，张志友，苑志江，等.舰船尾流隐身技术的问题与对策思考[J].中国造船，2017,58(1):177-185.

[35] 张志友，金良安，苑志江.舰船主机尾气抑制尾流技术可行性分析［J］.船海工程，2017,46(2):188-191.

[36] 张志友，金良安，苑志江.舰船柴油主机尾气排放特性及其尾流抑制应用研究［J］.中国测试，2017,43(6):16-21.

[37] 张志友，金良安，苑志江，等.高温大气泡群对艉流的聚并作用机理［J］.过程工程学报，2017,17(5):952-958.

[38] 张志友，金良安，何升阳，等.气泡上浮运动与传热传质的耦合模型［J］.高校化学工程学报，2018,32(2):358-367.

[39] 张志友，曹延哲，蒋永馨，等.高温大气泡与艉流微气泡间聚并作用研究［J］.船舶力学，2020,24(9):1103-1111.

[40] 赵玉丞，陈晓晗，马跃晋，等.海军舰艇官兵睡眠及影响因素研究进展［J］.第二军医大学学报，2021,42(2):220-223.

[41] 沈兴华.航海医学心理学［M］.上海：第二军医大学出版社，2010.

[42] BAYER L, CONSTANTINESCU I, PERRIG S, et al. Rocking synchronizes brain waves during a short nap[J]. Current Biology, 2011, 21(12): 461-462.

[43] PERRAULT A, KHANI A, QUAIRIAUX C, et al., Whole-Night Continuous Rocking Entrains Spontaneous Neural Oscillations with Benefits for Sleep and Memory[J]. Current Biology, 2018, 29(3) : 402-411.

[44] GOH V H, TONG T Y, LIM C L, et al.Circadian disturbances after night-shift work onboard a naval ship[J]. Mil Med, 2000, 165(2):101-105.

不如去航海

附录：原来大海这么酷

作为一名海军军校教员和科研人员

我每年都会出海一段时间

有时是带学员实习，有时是参加训练任务

工作之余，我也有幸看到了另一种模样的大海

现在，我想通过科普的方式

把我热爱的大海和军舰的奥秘分享给大家

希望更多人特别是年轻人了解并喜欢上它们

期待有一天，我们一起去航海

因为，我们的事业在大海上

完成教学和训练任务之余，海上有大把值得欣赏的风景——

可以看海浪拍打船身，仿佛不知疲倦

可以看船尾拖出长长的尾流，像为船送行的朋友

没有手机信号的日子，也是难得的自由时光

可以在风景变换中感受世界，在心灵空暇中感受自我

兵行海上

可以在惊涛骇浪里骁勇善战，铁骨铮铮

也可以细嗅蔷薇，流露侠骨柔情

业内人聊天时提到一艘船，往往先问：多少吨？

比如，千吨级远洋渔船、万吨大驱，或 10 万吨级核动力航母

这个吨位，指的就是船的排水量

对一艘船来说，排水量不仅仅是一个科学概念

更是一份底气和信心

因为：吨位决定地位，体量决定分量

近距离观看，你会看到船体上有一道刻度尺似的标记

那就是船的"吃水线"，水线上有个安全刻度

只要水面在安全刻度以上

就意味着排水量足够，浮力达标，船是安全的

小小一条吃水线和安全刻度

是警戒，提醒着船"不要负担过重"

也是设计者、船和船员之间的安全契约：

请你信任我的提醒，我必保障你平安出发又归来

在船上，有一群特殊的工作人员，他们的昵称叫"老轨"

他们工作的阵地，终日不见阳光，空气流动性差

到了夏天，温度高达 40 多摄氏度

但他们工作的地方，却是一艘船的"心脏"所在

人跑得快要靠心脏，因为要靠心脏泵血供全身运行

同样，船跑得快不快，也要靠船的"心脏"轮机来提供动力

"老轨"们，辛苦了

在茫茫无际的大海上

如何确定船的位置，历来是非常重要的问题

在没有 GPS 的年代，古人就懂得了：

观测天上的星星，就可以知道船所在的位置

即便在卫星导航技术发展迅猛的今天

"观星定位"仍是航海时不可或缺的手段和保底措施

简陋的客观条件，也可以生发出无穷智慧

当年郑和用过的天文导航方法

现在仍在指引着我们破浪前进，扬帆万里

上船后

你最先熟悉的，可能不是战友或旅伴

而是船上的救生物品和使用方法

比如救生筏

平常，它们静静安置在专用的筏架上

需要时，它们被抛到水里

就自动充胀成小帐篷

承载着人、食物和求生的希望——

当然，更希望你永远都用不到这条信息

船尾拖出的白色尾流，是专属于航海者的风景

但少有人知道，对军舰来说

美丽的尾流可能意味着风险，因为容易被识别并引来攻击

为了消除尾流和风险，很多海军科学家都在努力

小小的气泡里，藏着大学问

也藏着我们探索宇宙规律，并学以致用、科技强军的梦想

"海风轻轻地吹，海浪轻轻地摇，

年轻的水兵头枕着波涛……晕船了"

晕船，是困扰航海人员包括海军的大问题

除了服用晕船药

也可以在船体上加"黑科技"，减轻船的摇晃

当然，要克服晕船带来的困难

最终还是要靠大家强韧的意志力

毕竟，平静的海面培养不出优秀的水手

因为门槛高，水密门可以阻挡水的蔓延

在危难中保障船的安全

也因为高，很多海军新兵或初上船的人

都曾在这里磕伤过小腿，留下过伤痕

说起来，是疼痛的记忆

聊起来，就变成了人群中的击掌暗号

识别出对方：哦！我们共享过相同的青春岁月

……

跋

我出生在浙江舟山海边。如作者一样，从小是旱鸭子，上大学之前不会游泳。可即便如此，我对海也还是有着特殊感情。很小的时候，我喜欢待在海边，欣赏形形色色的船只，也会想，海的另一边有什么。海是海边人的界限，海也是海边人的远方。

我当然不懂航海，可身边的亲戚、长辈有不少远洋捕捞的水手。记得小时候，他们去南美、西非，会带异域的巧克力给我，让文弱的我，也向往航海生活。

所以，看到张志友老师这本《不如去航海》时，我就立马睁大眼睛了。毕竟，作为一个不曾航海的人，也曾有一场航海的纸上谈兵之梦。

这是一部航海指南，也是一部对大海充满敬畏的作品。从海图到船舶的精细操作，从航行安全守则到未来航海的发展前景，张老师用详尽生动的笔触，为读者们描绘了一幅完整的航海画卷，就像带上读者的眼睛，去经历一场 VR 式的航海。

在全球化正在被重构的今天，海洋对于中国而言，有格外重要的意义。我们需要去了解航海的过去、现在和未来，"不如去航海"，是对每个人的召唤。而这本书，为我们提供了一份知识海图。

听编辑杨杨说，张志友老师每年带学生出海训练的途中，都会在舟山的港口停靠。也正是在舟山时，他与朋友一起筹备并推动了这本书的出版。作为舟山人，也感到一些自己与这本书的小小缘分。

不如去航海，不如先跟随张志友老师在纸上航海。

击掌！

跋

果壳创始人、九三学社中央科普工作委员会副主任　姬十三

263

后 记

我出生在大连海边。在很多人的故事或想象中，海边出生的人往往对海或水有特殊的感情。

可我拿到的人生脚本好像不是这样的。我从小是旱鸭子，上大学之前都不会游泳，从军前甚至没坐过船，就连公园里的脚蹬船也没坐过。

从大学本科到博士阶段，也曾跟舰艇出海实习，不过都是在近海，无风无浪，我甚至都不知道自己是否会晕船。

后来知道了：会晕。那是在 2018 年的春天，我真正开启自己的航海生涯几个月之后。

2017 年，我博士毕业，来到舰艇上担任航海干部。刚开始工作时正逢过年，出海任务不多。2018 年春天，我们开始了舰艇上的出海训练。当时恰逢寒潮天气，海况不好，我记得有一次，在摇晃的甲板上进行实弹射击后，耳朵被枪声震得嗡嗡响，再加上头晕，回到房间后，抱着水盆直吐。

舰艇出海时，不管海况如何，我们都要进行日常值班执勤，保障船安全航行以及顺利执行演习训练各项任务。可是，意志再坚强，人还是逃不掉晕船的命运。

还有一次，我正在海图室值班，船又晃得很厉害，晕船的劲儿一上来，我感觉自己整个脸都瞬间变白了。当时周围找不到可以吐的地方，但又实在忍不住，只好抓起兜里的帽子吐在里面，然后怕被别人笑话，就偷偷从舷窗把装满呕吐物的帽子快速扔了出去，回来故作淡定地继续值班。

我要强又好面子，怕被别人觉得没有抗风浪的能力，于是暗暗地查了很多缓解方法，逐一尝试。我试过狂吹海风，让自己清醒，也试过远眺海面，还偷偷吃晕船药，甚至一颗不行就多吃几颗，导致自己有段时间，成天迷迷糊糊，感觉混沌。

一千个人能说出一千种晕船的感觉。对我来说，晕船的感觉就像是：你已经喝醉了，还要被追着灌酒，而你不知道酒局什么时候结束。

每次晕船时，我就想：我要回陆地，我不想要这种漂泊的感觉了。可每次风平浪静后，看到湛蓝的海水、翱翔的海鸥、茫茫大海上突然出现的其他船舶，或者每一个陌生码头的风景，又会觉得海上的生活很好，平静且单纯，只要"船不晃，有信号"，就会感到幸福。

2019年，我回到海军大连舰艇学院任教，主要教授一些传统的航海技术。在教学和备课过程中，我自己也更深入地了解了航海的历史，而且也越来越觉得航海有意思，很多方面琢磨起来跟人生道理差不多。

比如说，航行定位时我们都希望获得真实数值，可使用仪器观测总会存在各种误差，这些误差有些是来自系统的，有些是偶然的。误差不可避免，但没关系，只要不断校正，就会离真实更进一步，这就很像我们追求真理的过程，做的每一步努力都是在推动这个社会更"真"一点；也如人生，"初始即完美"或"一步到位"并不现实，不过，即使途中错误再花样百出，只要及时校正，你总会去往想去的方向。

讲课的时候，我也会在讲完技术后分享这些想法。然后，学员给我的评价是：马克思主义航海课。

给外军学员讲天文航海课时，我教他们的第一个词就是"忧患意识（sense of danger and crisis）"。天文航海是一门古老的航海技艺，虽然现在随着卫星导航技术的发展慢慢弱化了，可是在我看来，天文航海永远不会消失，因为船在茫茫大海上航行，遇到危险时谁也靠不住，我们永远需要多一种保障手段，多一份忧患意识，才能让船安全归航。我本来有点担心这种说教意味是否太浓，而欣慰的是，下课后，有位外军学员特意过来问我："Sir, how to write the sense of danger and crisis in Chinese？"还一笔一画地学了下来。

航海属于实践类的科学。所以，我每年都会和其他教员一起，带领学生乘舰艇从北到南一路航行，体验不同地域的航行方法，也看不同颜色的海水和不同码头的风光。

对我来说，这是难得的自由时光。手机没有信号的日子里，除了完成教学和训练任务，我可以看海浪不知疲倦地拍打船身，看船尾拖出长长的尾流，看海鸥在甲板上自在地栖息，盯着这些海上独有的风景发呆，也让我更真切地感受到自己在体验这个世界。

回头看看，就像人类一步步走向未知疆域一样，航海也在一步步引领我探寻未知的自我。先是开启事业，而后决定我的生活节奏，从现实中抽离又投入海中感受自我。甚至，某种程度上说，航海不仅引领我发现自我，而且成为我的一部分。

更重要的是，在与航海有关的过程中，我有幸结识了诸多良师益友。在本书写作和打磨的过程中，他们都提供了很多帮助。

首先要特别感谢海军大连舰艇学院航海系、海军某训练舰支队等多个单位的各位同事于百忙之中从各自专业角度对书中内容贡献了宝贵意见，他们或是在前期热心交流、提供专业素材，或是在内容生产过程中不厌其烦地帮忙解惑，或是在成文后特地抽出时间逐篇审阅……有了他们的无私帮助，这本书才有底气呈现在更多人面前。

除了同事和师友，还要感谢数位小友，海军大连舰艇学院的多位学员也帮助我做了很多整理素材和拍摄照片的工作。

本书的内容部分，要感谢出版社和内容编辑团队的指点建议，经过了多次的交流、探讨和修改，不断打磨成现在的科普语言；此外，书中的部分影像呈现要感谢"中国环监 001"号船的各位领导沟通协调以及拍摄团队在寒风中拍摄。

感谢名单太长，恕不能一一列举，唯有感念在心底，将这份凝结诸多集体智慧的科普书努力做好，呈现给更多人。

作为海军院校一名普通的教学、科研人员，我希望将这些自己觉得有趣的航海科普内容分享给更多朋友，也期待有更多人，特别是年轻人能加入我们的队伍，希望有一天我们可以一起去航海，因为，我们的事业在大海上。

最后还要表达一下我在书稿撰写时的小缺憾。毕竟航海的学问太庞杂了，船舶出海所涉及的天文地理物化知识等，实在无法各个要点皆精准；航海的历史太厚重了，人走向海洋经历数千年，难免会有说不对的细节；航海的发展太快速了，近些年高科技广泛应用，终究不能涵盖最新最全技术。如果书中有哪些不当之处，也请各位读者多提宝贵意见。书如人生，没有一本书是完美的，但是希望我们不断修正错误，都在努力缔造"更好"的路上。

张志友

2024 年 4 月 23 日